Rester debout

Michel Zecler

Rester debout

PLON
www.plon.fr

92, avenue de France
75013 Paris
Tél. : 01 44 16 09 00
Fax : 01 44 16 09 01
www.plon.fr
www.lisez.com

Dépôt légal : novembre 2021
ISBN : 978-2-259-31006-2
Mise en pages : Nord compo

1

Dans ma vie, aucun jour ne se ressemble...

Pour moi, c'est juste un nouveau samedi soir qui commence. Le 21 novembre 2020, je m'autorise une heure de pause avant de retourner bosser. Encore pas mal de boulot, je dois finir la mix-tape de mon artiste Malty ASB, il est de plus en plus exigeant, il casse la tête, mais j'aime bien cette énergie, ça me prouve qu'il se donne et qu'il est investi. Vers 18 h 30, je marche vers le studio. La soirée s'annonce longue, je n'imagine pas encore à quel point...

Sur le chemin, je regarde mon téléphone. Je suis connecté en permanence avec ce qui se passe dans le studio. Mes artistes sont arrivés un peu plus tôt. En marchant, je remate *Cramé,* le clip de Denzo, réalisé par nos soins, qui a été publié la veille. Pour la vidéo, on a rejoué le final de *La Haine* de Mathieu Kassovitz, vingt-cinq ans après, et terminé sur un message de paix et de réconciliation entre les jeunes et la police. Je regarde les retours sur les réseaux sociaux, la référence plaît, c'est cool.

C'est la fin de l'automne, il fait froid, alors je mets la capuche du sweat-shirt à l'effigie de ma société, Black Gold. Je le porte sous mon blouson en cuir, et j'avance sur la rue Pierre-Demours. J'ai un bas de survêtement. Je croise quelques passants. Un rappel : nous sommes au cœur du deuxième confinement, l'ambiance est anxiogène, la vie est rythmée par les mesures sanitaires strictes, le port du masque est obligatoire en extérieur.

Au regard des autres, je réalise que j'ai oublié d'en mettre un. Merde, je tâte mes poches. Rien, je n'en ai pas sur moi. Bon, c'est pas non plus la fin du monde, juste un oubli, mais mieux vaut se dépêcher de rentrer.

Au niveau de l'avenue Niel, une voiture de police file devant moi. Elle remonte dans la direction opposée, elle ne s'arrête pas. Je la remarque sans vraiment la regarder. De toute façon, je suis presque arrivé.

Vers 18 h 40, j'arrive devant la pharmacie, à vingt mètres du studio. J'avance tête baissée, je fais mes trucs sur mon téléphone. Quand j'arrive au niveau du studio, un homme semble attendre quelqu'un, un peu plus loin sur le trottoir. Je l'aperçois, sans arrêter mon regard, encore un mec qui va peut-être me demander d'écouter sa maquette ?

Je passe mon doigt sur le lecteur digital. La porte s'ouvre. Je rentre.

Derrière moi, j'entends des pas. Un bruit. On m'interpelle violemment.

Je me retourne. L'homme est là. Il est petit, assez costaud et nerveux. Il est chez moi. Qu'est-ce qui se passe ? Je ne comprends pas. Il me tient par la taille, essaye de me tirer dehors, je sens sa poigne pleine de hargne, j'écarte les bras… Sur son visage, je cherche un indice. Est-ce un pote, un voleur ? Au bout de quelques secondes, je capte que c'est un policier.

Son collègue arrive juste derrière. Il est grand, son crâne est dégarni. Il porte un uniforme de la police, il y a plus de doute sur l'identité des deux hommes. Le deuxième est plus âgé, plus gradé, j'imagine, et, *a priori,* plus responsable. Il peut donner le diapason de la suite. Il a le pouvoir de calmer le jeu, mais il s'aligne sur l'hostilité et la tension de son collègue.

Pas de bonjour, pas de présentation, rien, ils sont tout de suite agressifs.

Très vite, un troisième arrive, il est brun et porte un masque. Il est tout de suite dedans, ils partagent tous la même attitude, comme si cette scène revêtait pour eux une forme d'habitude.

Moi, j'hallucine.

Ils sont trois, ils sont chez moi.

« Sors, sors, sors ! »

Des mains me poussent et me tirent en même temps. Je ne comprends rien, pourquoi ils veulent que je sorte, pourquoi ils m'en veulent à ce point. Mon corps se fige, je ne bougerai pas, ils n'ont pas le droit d'être ici. Ils m'empoignent. Je croise leurs regards. Difficile à cet instant de donner du sens à cette colère inouïe que j'entrevois. Ils me frappent une première fois.

« Sors, sale nègre ! »

2

De cette nuit, un trou brut et béant demeure gravé dans la vitrine de mon studio. C'est un cratère de deux centimètres de diamètre, environ, enveloppé de fêlures partant dans toutes les directions, comme un impact de balle, taillé là par les coups de matraque télescopique, les mêmes qui me sont arrivés en plein visage. Un jour, un passant y a déposé une orchidée. Aujourd'hui, seul un morceau de carton scotché nous sert de pansement et de cache-misère. Passé le temps de l'émotion, que reste-t-il ?

La porte est, elle aussi, bien amochée. Sur le sol, au niveau de l'entrée, une trace noire ancrée dans la moquette trahit l'explosion de la grenade lacrymogène. Un peu partout autour, des marques de brûlures. On a fait un devis, on va tout rebâtir, du sol au plafond, pour tenter de faire table rase, d'oublier, de passer à autre chose, si tant est que ce soit possible. Aux murs, des portraits de Diam's, Oxmo Puccino, Mac Tyer, Kery James, regards fiers et déterminés, me rappellent combien on vient de loin, combien il a fallu trimer pour gagner notre place et arriver jusqu'ici. Tant et tant d'années balayées en une poignée de secondes, comme une déflagration. Ils sont rentrés chez moi et ils ont tout détruit.

À l'heure où j'écris ces lignes, dix mois ont passé. Dix mois depuis ce soir de novembre où mon voyage en enfer a commencé. Dix longs mois, épuisé à réparer mon corps, un jour après l'autre. Doucement, mon visage a dégonflé, les plaies ont cicatrisé, les hématomes sur mon corps se sont résorbés. Pour autant, je ne me reconnais toujours pas. J'ai pris quinze kilos, puis perdu du poids, puis repris encore, en fonction des vagues de stress. C'est comme ça, je ne fume plus, je ne bois pas, alors j'étouffe mon anxiété avec la bouffe, chacun ses trucs pour tenir. Des cernes creusent mon visage épuisé. Voilà pour ce qu'on voit de l'extérieur. À l'intérieur, c'est plus compliqué.

Je n'ai toujours pas récupéré mon bras gauche. Le tendon qui retient mon biceps a été sectionné, déchiré, comme un bout de papier. Alors on m'a opéré pour m'implanter une broche en titane, en forme d'ancre, que je garderai jusqu'à la fin de mes jours. Un moment, on m'a même posé une attelle articulée pour accompagner mes mouvements devenus impossibles, une prothèse qui me donnait un air de cyborg. Malgré cela, des douleurs continuent de me prendre comme des brûlures vives. Au début, c'était comme si on allumait un briquet sous ma cicatrice. La rééducation se poursuit, c'est long, mais je m'accroche.

Avec un pistolet de massage, je détends mon bras tous les matins, mon kiné m'a donné plusieurs mouvements à faire. J'ai aussi acheté l'un de ces élastiques sur lesquels on tire pour faire du renforcement musculaire. Tous les jours, je l'agrippe et grimace de douleur. Il y a quelques jours, j'ai réussi à faire trois pompes, mais pas cinq, trop dur. Pour les tractions, on n'en est pas encore là, on verra plus tard. Le sport me maintient, ça m'aide à tenir. J'essaie de courir au moins trente minutes, trois fois par semaine, mais, on ne va pas se mentir, il m'arrive de sécher quelques séances.

J'ai configuré ma montre : à intervalles réguliers, elle émet des bips pour que je bouge le bras, pour qu'il ne se crispe pas. La douleur continue de me lancer, sans prévenir, à n'importe quelle heure du jour ou de la nuit. Ça fait mal et ça prend le dessus sur tout. Pour me rassurer, on me dit qu'à chaque jour suffit sa peine – comme dirait Nessbeal –, que ça ira mieux, dans quelques semaines, dans quelques mois. Sans doute, j'en sais rien... La vérité, c'est que l'idée même d'aller mieux me paraît lointaine. Physiquement, c'est vrai : les jours passent et ça va de mieux en mieux. Pour ce qui est invisible, c'est le contraire : à mesure que les mois avancent, je sens que tout se dégrade.

Impossible de travailler avec la même intensité qu'auparavant, de me concentrer, ou juste de penser à autre chose. Souvent, j'ai des trous de mémoire. Au bout de deux heures, je sens que mon attention périclite. Mon esprit vagabonde, se perd en route. Quand je cherche un mot, je demande à mes proches de ne pas m'aider, de me laisser faire le chemin entre mes neurones, seul avec moi-même. De quoi je parlais déjà ? Attendez, je vais retrouver. Ah oui... Et ainsi de suite, et c'est comme ça tous les jours, depuis plusieurs mois. Je ne trouve plus mes mots.

La nuit, je dors peu, ou pas du tout. Sur les coups de 2 heures du matin, je tente parfois de m'assommer à coups de films d'action américains, mais ça marche moyen. On m'a proposé de prendre des médicaments pour me mettre K-O et retrouver le sommeil. C'est peut-être de la fierté mal placée, ou une peur irrationnelle, mais, pour l'instant, je refuse, j'essaie de tenir bon sans les cachets, j'ai peur que ça ajoute des problèmes aux problèmes, que je m'enferme dans une camisole chimique, qu'on n'en finisse jamais. Sans le vouloir, je me réveille à 5 heures du matin, presque tous les jours. Je pique du nez à des endroits et des moments improbables et traverse les journées dans un état d'épuisement constant.

Dans le regard des autres, je le vois bien : quelque chose a changé. D'abord, il y a ceux qui me prennent en pitié. Bien sûr, ça part d'une bonne intention, mais ça me fatigue un peu. C'est bon, je suis pas en sucre. Ensuite, il y a ceux dans le regard desquels je sens que je pars en vrille. Personne n'a envie d'être avec quelqu'un qui a l'air ailleurs, qui s'endort quand on lui parle ou qui ramène tout au malheur qui s'est abattu sur lui. Ils sont patients. Au début, mes amis me disaient de faire attention à ne pas perdre l'esprit, mais je ne comprenais pas. C'est aujourd'hui que c'est dur. Alors je vois un psy, et je me rends compte que j'en ai mis beaucoup sous le tapis, pendant des années. Mon passé m'est revenu en pleine face. Les nouvelles blessures se mêlent aux anciennes. Aujourd'hui, j'ai besoin des clefs pour ouvrir les bonnes portes.

Sans arrêt, on me dit qu'il faut que j'oublie quand la moindre chose me replonge dans ce moment de ma vie où tout a basculé. La justice fait son travail, elle avance à son rythme, il faut répondre aux questions, toujours les mêmes. Impossible de passer à autre chose, il faut faire avec. Il y a ces flashs nets et précis qui me cueillent sans prévenir. Souvent, je revois la scène, les coups, les insultes, toute cette violence déchaînée sur moi. Et, plus étrange, je revois les images de la scène, je me revois me faire tabasser comme si j'étais en dehors de la scène. Tout se mélange. Sans parler des cauchemars. En voilà un : je suis en train de courir, je fuis, mais on me rattrape et je suis obligé de m'arrêter, je vois un policier, il met son calibre contre ma tempe, il tire, j'entends la détonation, je vois un flash blanc, je me réveille, le T-shirt mouillé, ruisselant de sueur. L'enfer. D'autres rêves se terminent toujours de la même manière : j'arrive dans mon studio, je me sens en sécurité, je suis protégé par l'œil de la caméra. Sans lui, je serais sans doute en prison, mes proches auraient peut-être cru la version de mes bourreaux. Je lui dois ma vie, ma liberté, en même temps que cette étrange malédiction qui me suit partout où je vais. Ah oui, j'ai finalement pris ces maudits médicaments.

Dans le 17e arrondissement, là où je travaille, on m'a parfois regardé avec ce cocktail de méfiance et de curiosité, comme une anomalie ou un drôle de spécimen, détonnant dans ce coin huppé de Paris. Mais maintenant, c'est différent. Quand je marche dans la rue, on me remarque, on m'arrête, pour me dire quelques mots de soutien. Un homme traverse la route, sans faire gaffe à la circulation, et vient me saluer. Un autre exemple : je pars à la campagne, loin de tout. Je cours au bord d'un canal. Là, un homme m'interpelle, ému, les yeux embués. Il cherche ses mots et finit par me dire qu'il a vécu la même chose que moi. Il me remercie et disparaît. Ça fait réfléchir, ça fait peur. Bref, tout le monde me regarde, les Noirs, les Blancs, les vieux et les jeunes, les employés et les cadres, les commerçants et les riverains, comme si mon histoire avait ébranlé leurs convictions et les avait poussés à voir la réalité sous un autre angle. Et si mon histoire n'était pas anecdotique ? Et si c'était davantage qu'un fait divers qui surgissait de nulle part pour retomber dans l'oubli ? Et si mon basculement avait entraîné celui de toute une partie de la société ?

Maintenant, me voilà aspiré au cœur d'une tempête et d'une affaire qui me dépasse largement. Le plus dur, c'est de ne pas savoir ce que les gens pensent et d'être obligé de deviner. Je descends l'avenue des Champs-Élysées, des flics me saluent, d'autres me regardent de travers. Je marche près de chez moi, un mec me donne tout son courage puis, une fois que je suis un peu plus loin, je l'entends dire : « Mais les policiers, ils n'auraient pas fait ça pour rien, quand même... »

Quand je suis assis en terrasse, je fais attention à qui s'assoit où. Un homme se met à la table à côté de moi, petit jean, polo blanc, lunettes de soleil, et je suis persuadé que c'est un flic en civil, qui m'enregistre, me guette, à l'affût du moindre faux pas. Soudain, je me recroqueville sur moi-même, me referme, baisse le volume de ma voix, j'attends que ça passe. Parfois, j'imagine un facho en train de nettoyer son fusil, quelque part en France, décidé à monter sur Paris pour se faire Michel Zecler. Je vis entre plusieurs endroits, ne donne jamais mon adresse à personne, c'est aussi pour protéger mes proches. J'ai des raisons d'avoir peur. Peu après mon passage à tabac, une voiture est passée devant le studio, vitres teintées. Visages cagoulés, des hommes m'ont pris en photo avant de repartir. C'est de l'intimidation. C'est du harcèlement. Bien sûr, j'ai pensé à quitter la France, mais je n'en ai pas les moyens. Quand je confie à des amis policiers que je souhaiterais partir en vacances, ils me mettent en garde contre leurs « collègues un peu cons qui pourraient glisser des trucs dans mes effets personnels », et je me fais tout un film. Et il y a des petits riens du tout qui m'inquiètent. Je gare ma voiture devant le studio, je mets les warnings, j'en ai pour une minute. Vingt secondes plus tard, des policiers passent et me collent une amende, sans rien vouloir entendre. Ma famille est de passage en métropole, et, à l'aéroport, mes proches ont droit à une fouille interminable. C'est des petits riens du tout, mais je prends sur moi, parce que j'ai peur que tout cela soit dans ma tête. Mais c'est peut-être comme cela qu'on pète les plombs. Je me demande toujours si c'est vrai, ou si c'est moi qui sombre doucement dans la paranoïa, et, le pire, c'est que c'est les deux en même temps...

Politiques, militants, journalistes, éditorialistes et spécialistes en bavardage sur tout et sur rien se sont emparés de l'affaire. Les services de l'Élysée ont appelé pour faire part de la honte du Président. On essaie de me récupérer, à droite, à gauche. Je ne suis pas dupe de cette valse.

Sur certains plateaux TV, la crème de la crème du cynisme s'est donné rendez-vous : les images sont difficiles à contester, alors on clame la présomption d'innocence pour mes bourreaux. Pire encore, on leur réserve une compassion bien sélective. « Vous rendez-vous compte, ils vont peut-être perdre leur boulot ! » La vérité n'a pas d'importance, il suffit d'instiller le doute sur les circonstances. Avec beaucoup d'aplomb, on peut toujours affirmer que deux et deux ne font pas quatre. Je mentirais en vous disant que tout ça ne m'affecte pas. C'est plus fort que moi, je regarde absolument tout ce qui se publie à mon sujet, comme quand on gratte frénétiquement une mauvaise cicatrice. Mais je ne m'abaisserai pas à répondre, je ne vais pas, en plus de ce qui m'est arrivé, me laisser entraîner sur ces terrains boueux. Je sais bien qu'ils n'attendent que ça. Comme dit Kery James : « Chut ! J'aime le silence. T'y perçois rien, moi, j'y entends des nuances. »

Heureusement, il n'y a pas que ça. Des lettres de soutien s'entassent dans mon bureau, par centaines, par milliers, venues des quatre coins de France, venues du monde entier. Ce que je pense ne m'appartient plus, en tout cas plus vraiment. Ça donne le tournis, surtout quand, comme moi, on s'est construit en homme de l'ombre. Sérieux, plus pudique que moi, tu disparais. Mes potes m'ont bombardé de messages. Plusieurs disent : « C'est malheureux, mais pour que les choses changent, peut-être qu'il fallait que ça tombe sur quelqu'un comme toi... » Dans les mois qui ont suivi, cette hypothèse m'a obsédé. J'y repense, encore et encore. Qu'est-ce que ça veut dire, quelqu'un comme moi ?

Autant le confesser : il y a en moi une vraie ambivalence. Une partie de moi est revendicatrice de mon identité, de ma couleur de peau, de mes origines. Une autre éprouve aussi ce désir de se fondre dans une société sans couleurs. C'est une dualité que je n'arrive pas toujours à réconcilier. Je ne veux pas devenir un porte-drapeau. Tellement de fois, je me suis battu contre les déterminismes pour pouvoir me hisser parmi les gens respectés de ma profession. J'ai grandi à Bagneux, aujourd'hui je travaille dans le 17e arrondissement. J'étais presque devenu un modèle de mérite, voire de réussite, un transfuge de classe, un miraculé. Mais, en fin de compte, peut-être est-on toujours rattrapé par le rôle que la société nous assigne.

L'histoire est tout écrite : en plein débat sur l'article 24 de la loi sécurité globale, visant à interdire la diffusion d'images de policiers à des fins malveillantes, ma vidéo mettait le grand public devant une vérité incontestable : oui, il y a un problème racial, et pas seulement un problème de classe, un problème qui ne concerne pas seulement les banlieues, les jeunes, les quartiers populaires. Le sujet n'en demeure pas moins sulfureux. Pour avoir simplement suggéré que du racisme existait dans ses rangs, la police avait fait sauter son ministre de tutelle, un an avant. Pas d'amalgames, certes. Mais, tôt ou tard il faudra bien envisager cette question sans fausse pudeur.

Pour moi, c'est clair, il y aura toujours un avant et un après. L'après est en train de s'écrire : on panse les blessures, on prépare le procès. L'avant, c'est un autre problème. Il faut le raconter, pour ne pas être réduit à une scène de violences policières, pour sauver mon passé, ne pas devenir fou. Écrire, afin de rétablir certaines vérités et me réapproprier mon histoire. Choisir mes mots est une manière de rejeter une certaine narration. Car certains veulent annihiler mes accomplissements, calquer une grille de lecture simpliste sur ma vie, me définir selon des schémas de pensée que je ne partage pas. Avant cette histoire, j'étais un producteur de musique, et j'ai tout fait pour qu'on évite de résumer mon parcours à mes erreurs de jeunesse. Je ne suis pas qu'un ancien taulard, pas plus que je ne suis qu'une victime de violences policières. Je suis un humain, avec ses doutes, ses convictions, ses forces et ses faiblesses, et je voudrais me raconter comme tel.

Alors, autant l'assumer en préambule, pour dissiper tout malentendu : ici, aucun récit testostéroné sur mes turpitudes d'adolescent, aucune glorification de mon passage en prison, zéro adrénaline. Rédiger ce livre, avec mes mots, en racontant ce qui m'est cher, c'est pour moi une manière de ne pas courber l'échine, de ne pas enfiler ce costume qu'on souhaite me tailler, et de ne laisser personne d'autre que moi-même définir qui je suis.

Cette affaire a tout balayé. Elle me pousse à tout relire avec un autre regard, à faire du rangement dans mes souvenirs, je ne l'ai jamais fait. Il y a tant de choses que je n'ai jamais dites, tant d'événements que j'ai effacés de ma mémoire, tant de scènes qui expliquent ce qui s'est passé dans ma tête à cet instant précis de mon existence. Alors, il faut faire le tri, essayer de comprendre, ranger les choses dans les bonnes cases, mais pas seulement pour moi, aussi pour ceux qui ne peuvent pas parler, pour ceux qui n'ont pas eu la chance d'être filmés au moment de leur agression, et pour ceux qui sont morts. À force de relier les points, peut-être trouverai-je un semblant de réponse à cette question qui me ronge et m'empêche encore parfois de dormir : Pourquoi ?

3

Alors, par où commencer ? Pour retracer l'origine de mon nom, Zecler, il faut procéder à une recherche sur Internet. Je l'ai fait il n'y a pas longtemps, et autant envoyer une bouteille à la mer. On se rend sur un site Internet spécialisé dans la généalogie, on écrit le plus d'informations possible, on valide la saisie, puis on attend, on attend, on attend... Désolé, nous n'avons pas la réponse. Je peux remonter deux-trois générations, et c'est tout, ça s'arrête là. Circulez, il n'y a rien à voir. Aucune trace d'une lignée africaine, rien, vraiment ? Il y en a forcément une, je n'ai quand même pas été envoyé ici par l'opération du Saint-Esprit, si ? Encore aujourd'hui, je tente de saisir le pourquoi du comment de mon arrivée au monde, mais je le sens : il y a tant de choses qu'on ne m'a pas transmises.

Pour me consoler, je me dis parfois qu'un mauvais sort a frappé ma famille. C'est ça, une malédiction terrible qui nous a condamnés à l'ignorance et qu'il nous faudrait des siècles à conjurer. Cela expliquerait pourquoi je ne connais rien de mon grand-père, pourquoi je sais si peu de choses de mon père, pourquoi on ne m'a rien expliqué, pourquoi je ne sais pas qui je suis, d'où je viens.

Face au néant, je ne peux qu'imaginer. J'imagine toutes les souffrances vécues par ces deux femmes qui m'ont élevé. Ma grand-mère a dû voir des choses horribles, les anciens se faire humilier, violenter, mais elle ne m'a jamais rien raconté. Après elle, ma mère a dû se poser bien des questions et n'obtenir, pour seule réponse, que ce silence lourd qu'on se transmet de génération en génération. C'est sûr, elle-même a essuyé le racisme, le sexisme, au quotidien, comment aurait-il pu en être autrement ? Mais elle ne m'en a jamais rien dit. Tout cela n'existait pas, car ce n'était pas l'image qu'elle désirait donner, elle ne voulait pas laisser cela la définir. On porte cette discrétion en nous, on avance avec, sans trop poser de questions, et on passe à côté de notre « grand cri de faim, de misère, de révolte, de haine », comme l'écrit Aimé Césaire.

Physiquement, j'ai les mêmes traits que ma mère. Elle a grandi en Martinique, avec ma grand-mère. Elle est partie en métropole pour faire des études. Elle est ensuite devenue aide-soignante. Alors qu'elle étudiait, elle a rencontré un beau jeune homme. L'idylle n'a, semble-t-il, pas duré longtemps. Ils se sont séparés au bout d'un an de vie commune.

Voilà, je suis né dans le 14e arrondissement de Paris, en 1979. À ma naissance, ma grand-mère propose de m'emmener en Martinique, pour écouler mes premières années. Ma mère a accepté cette aide qu'elle n'aurait jamais osé réclamer d'elle-même. Alors on m'a envoyé à sept mille kilomètres de là. C'est tout ce que je sais. C'est peu, et il m'a fallu des années pour glaner ces bribes d'informations.

La première fois que j'ai vu le nom de mon père, c'était sur un document administratif. Il s'appelait Christian. Il est mort lors d'une catastrophe aérienne. Le 16 août 2005, le vol 708 West Caribbean Airways s'est écrasé sur une montagne, à l'ouest du Venezuela. Il faisait partie des passagers. Je ne le connais pas, je ne suis même pas sûr qu'il ait eu vent de mon existence. Sur Internet, on trouve des photos des cercueils des victimes du crash, alignés. Il y a une photo de lui. Ça fait drôle. Parfois, je la regarde, et les larmes coulent toutes seules. Je ne souffre pas, je ne suis ni triste, ni en colère, mais je pleure, il doit y avoir une explication à cela. En 2010, ma copine de l'époque avait fait des recherches à ma place, elle avait retrouvé des membres de ma famille, mais je n'avais pas pris les devants pour les contacter, peut-être par peur, je ne sais pas. Des années plus tard, j'ai poursuivi les recherches, j'ai appelé des associations, mais je me suis heurté à une réaction assez hermétique : j'ai cru comprendre que les familles des victimes avaient perçu une indemnisation du gouvernement vénézuélien, après un long combat. On m'a donc demandé de prouver que c'était bien mon père. J'ai ressenti cette petite gêne de leur part, alors j'ai lâché l'affaire, tant pis. Quand arrive le mois d'août, je me rends au Père-Lachaise, devant le mémorial. La dernière fois, j'ai publié une photo sur mes réseaux sociaux. Quand je l'ai postée, j'espérais qu'un membre de la famille de mon père la voie et me contacte. C'est une manière un peu lâche de faire les choses. Encore une bouteille à la mer.

Au vrai, ma mère et ma grand-mère m'ont protégé du reste. C'est comme si elles m'avaient isolé de mon histoire, dans l'espoir de m'offrir cette vie à laquelle elles n'ont pas eu droit, une existence affranchie de toute cette violence qui traverse le monde dans lequel on vit. Elles voulaient que je grandisse dans une bulle de verre, mais n'avaient pas les moyens de faire une bulle de verre, alors elles m'ont défendu avec les moyens du bord, en mettant leurs corps sur le chemin qui me séparait de la réalité. Mais on ne peut pas vivre comme cela, coupé du réel tel qu'il est. Cela marche un temps, tant qu'on ne réfléchit pas trop. Le fardeau de la pudeur face à tant de détresse qui quelque part condamne au silence. Longtemps, j'ai souffert de ne rien savoir. Terminé. Avec le recul, je me dis que cette protection était dévouée et magnifique, mais vaine et désespérée, car on est tôt ou tard rattrapé par son histoire. Aujourd'hui, je veux tout savoir, et je suis bien obligé de me rendre à l'évidence : je suis tout ce que ma mère ne m'a pas dit, tout ce qu'elle a gardé pour elle. Je porte en moi ce silence résilient qui aide à tenir bon, et à rester debout.

4

Mes premiers souvenirs sont ancrés à des milliers de kilomètres de Paris, au Marigot, à l'est de la Martinique, un havre de paix du bout du monde. La maison de ma grand-mère est une bâtisse en pierre, plantée entre une étendue d'herbe et l'océan. À l'arrière, une fenêtre donne sur le soleil et l'horizon. J'ai trois ans, et je monte sur un escabeau, me penche pour observer le spectacle des vagues qui frappent les rochers dans un fracas impressionnant. Des odeurs de sel, le ciel blanc de chaleur et l'eau à perte de vue. Souvenirs d'insouciance, de plénitude et d'une harmonie parfaite avec la nature, et celles et ceux qui m'entourent.

Je ne sais pas comment mes ancêtres ont atterri ici. Je les imagine arriver sur des bateaux européens, au XVIIe siècle, envoyés là depuis les côtes africaines pour favoriser la culture du sucre. Ont-ils participé à la révolte des Nèg' Marrons du Carbet, en 1822, quand, sept ans après l'interdiction de la traite négrière, des esclaves furent aspirés par un vent de libération ? Ou ont-ils lutté pour leur émancipation immédiate, en 1848, peu avant l'application du décret sur l'abolition de l'esclavage ? Je n'en sais rien. Le Marigot est une petite commune développée autour d'une usine sucrière créée par un certain Pierre-Guillaume Assier de Pompignan. À la fin du XIXe, le rhum et le sucre y étaient embarqués dans des trains, des barques et des pirogues, vers Trinité, Fort-de-France, avant d'être acheminés jusqu'à des bateaux mouillants, qui les emmenaient ailleurs encore… L'usine a fermé en 1955. Les miens ont-ils épuisé leur corps dans les champs de canne du Marigot ? C'est possible, mais je n'en ai pas retrouvé la trace. J'essaye de les imaginer, avec leurs désirs de survie et de lendemains meilleurs pour leurs enfants, leurs petits-enfants et ceux qui suivront.

De mes premières années, les choses me reviennent par flashs épars, mais vivaces. Poum, je tombe sur les fesses, dans le sable, et ma grand-mère me dit en créole : « Reste debout mon petit, reste debout… » Sa puissance m'impressionne. Quand elle me tire par le bras, je sens toute la force de sa poigne d'adulte. Dehors, elle a des animaux. Des moutons, des poules, des cabris qui font leur vie dans une pâture. Je ne sais pas bien ce que fait ma grand-mère, mais la laine et les œufs viennent de là. Parfois, les poules me piquent les doigts avec leurs becs, ou le mouton me met un coup de tête, j'en ai peur. De ses bras robustes, ma grand-mère les porte pour en faire ce qu'elle veut. Elle fait des bruits étranges, des petits cris aigus, et eux obéissent. Une duchesse en son domaine. Avec moi, elle se montre douce et tendre, elle me dit des choses gentilles. Mais quand la colère l'emporte, ses pupilles se dilatent jusqu'à ce que ses yeux se transforment en deux billes noires et furieuses. Alors vient la tempête. Ma grand-mère, c'est l'eau et le feu. Je l'aime autant que je la crains.

Dans son salon, une représentation picturale attire souvent mon regard et m'obsède encore jusqu'aujourd'hui : entre le bleu du ciel et les collines vertes, l'archange saint Michel, avec ses grandes ailes déployées sous le soleil, écrase la face du diable de son pied gauche, une épée dans une main et la balance de la justice dans une autre. Michel, mon prénom vient de là. Dire que j'ai grandi dans une famille croyante est un euphémisme. J'ai été baptisé. J'ai fait ma première communion. Je suis arrivé dans la religion chrétienne par hasard, comme d'autres arrivent ailleurs, car c'est là qu'on avait mis mes aïeux. L'un de mes oncles est prêtre. Dans ma famille, c'est important, essentiel même. Ça ne va pas ? Fais trois Je vous salue Marie, tu verras, ça ira mieux. Ah bon ? Pour eux c'était le chemin de vérité. Encore un souvenir : avec elle, ma grand-mère emmène toujours un chapelet qu'elle tient dans ses mains fortes. Tous les dimanches, nous marchons jusqu'à l'église, il y a une petite trotte. Ces jours-là, elle est apprêtée, avec un large chapeau rond, une belle robe beige à motifs géométriques, ses lunettes, et ses petites chaussures, très tendance. Sans arrêt, elle prie et chante la gloire de Dieu. Et moi, je prie et je chante avec elle... Si les missionnaires envoyés là des siècles auparavant pouvaient assister à ce spectacle de ferveur, ils seraient fiers du résultat.

Les animaux, c'est bien sympa, mais, à un moment donné, il faut aller voir les cousins. Ils habitent juste en face, dans une maison plantée de l'autre côté d'une route à deux voies où les voitures passent à toute vitesse. Fiiiiooooonnn. Il n'y a pas de panneau, pas de ralentisseurs, rien. Entre eux, mes cousins l'appellent « la route infernale ». Du haut de mes trois ans, je prends mon courage à deux mains, regarde à droite, à gauche, et traverse en courant. Un jour, un camion est passé à vive allure. Le chien s'est penché par la fenêtre, est tombé et le camion l'a écrasé sur le bitume. J'en ai fait quelques cauchemars, mais sans plus, je ne sais alors rien du danger, ou de la mort.

Mes cousins sont si nombreux que je n'arrive même plus à les compter. Pour m'impressionner et m'initier aux plaisirs les plus simples, certains montent dans les arbres, secouent les troncs pour faire tomber les noix de coco. L'un d'eux, Max, les récupère dans l'herbe, fait un trou à l'intérieur, me fait boire leur jus frais et parfumé, puis les ouvre sous mes yeux comme des coffres à trésor. On se soûle de ciel, de mer et de soleil. On joue à chat en grimpant aux arbres fruitiers. On rit. Ils se vannent entre eux, me font des blagues, et j'apprends doucement à leur répondre. Il arrive qu'ils se jouent de ma naïveté. Un jour, je me penche par la fenêtre pour voir les vagues et, tout au bout d'un ponton, je les aperçois. Soudain, mon cousin Félix attrape un garçon et le jette à l'océan, avant de se barrer en courant. Panique. Quoi ? Qu'ont-ils fait ? J'attends leur retour, inquiet, avec le sentiment d'avoir vu quelque chose que je n'aurais pas dû voir. Ils traînent pour arriver. Quand ils sont enfin de retour, j'hésite à leur poser la question, et finis par murmurer :

« Vous avez jeté quelqu'un à la mer ?

– Ouais on l'a tué, tu dis rien à personne. »

Sur le moment, je les ai crus, et n'ai rien dit à personne. Évidemment, ils avaient juste envoyé un ami dans les vagues...

Je suis le plus jeune, le chouchou de la bande. Quand je traîne des pieds et me mets à pleurer, ils me donnent des « gros gâteaux » pour me relever. Des pavés peu raffinés, des enclumes, des parpaings, si lourds, secs et épais qu'un seul pourrait suffire de repas à un adulte. Il aurait fallu les tremper dans l'eau ou le lait pour mieux les faire glisser. Pas grave, moi j'en mange un, deux, parfois trois, jamais rassasié... On ne rigole pas avec la nourriture. Lors des fêtes religieuses, je m'agite avec du gâteau dans les mains, des cacahuètes plein la bouche, au milieu des odeurs de chocolat épais, de pain au beurre. Toute la famille est rassemblée et danse. Voilà l'image de mon enfance, avec, toujours, cette étrange bande originale faite de percussions et de chœurs religieux.

Par moments, pourtant, une inquiétude plane sur mon enfance : l'imminence du départ. Quand je parle créole, ma grand-mère me reprend. « Non, commence pas à mettre des mots créoles dans ton langage. Il faut que t'apprennes à bien parler français. On parle pas créole à ses parents. Sois pas malpoli. » Très vite, je me fonds dans cette dévalorisation fréquente de ma culture et par conséquent de moi-même. J'ai quatre ans, à peine, je ne sais pas ce qu'est la métropole, où elle se trouve, ni ce qu'y fait ma mère pendant que j'apprends à vivre ici. « Quand tu seras à Paris, me répète ma grand-mère, il faudra que tu sois sage avec ta mère, il faudra que tu l'aides. » J'acquiesce, je ne saisis pas tout, mais comprends une chose : le bonheur que j'éprouve ici ne durera pas toujours. Un été, ma mère vient me chercher aux Antilles, avant ma première rentrée en maternelle.

À l'époque, la police n'existe que dans mes livres pour enfants. Je suis noir, mais ce n'est pas une question, et encore moins un problème, je n'ai aucune conscience de la relative misère qui m'entoure. Depuis, tout a changé. Le littoral s'est transformé, Le Marigot est devenu une destination prisée des surfeurs et des touristes, on a appris que le chlordécone utilisé dans les bananeraies depuis 1972 avait contaminé les sols pour des générations. Surtout, la maison de ma grand-mère, celle de mon enfance, n'existe plus. La mairie voulait construire un port, sa baraque dérangeait, elle a été rasée. Au moment où j'écris ceci, mon cousin Félix vient de mourir du Covid, paix à son âme. De cette époque, il ne reste rien, ou si peu, ces quelques souvenirs d'une joie intense et entière, que je porte toujours au plus profond de moi-même.

5

Soudain, c'est comme si on avait placé un filtre devant mes yeux. Arrivé en métropole, les choses me paraissent immédiatement plus ternes, le monde moins joyeux. Le soleil, l'océan et l'horizon ont été remplacés par le froid et la grisaille. Déboussolé, j'en veux à ma mère de m'avoir emmené loin de ma grand-mère et de mon pays de cocagne. Pour lui faire du mal, je lui répète qu'elle n'est pas ma mère. L'harmonie de mon enfance vole en éclats.

Nous vivons à dix minutes de la gare RER de Bagneux, dans les Hauts-de-Seine, à quelques kilomètres de Paris, dans un appartement au premier étage d'une barre d'immeubles. Petit tour du propriétaire : à l'entrée, les vestes sont rangées dans un placard ; tout de suite, on arrive dans une cuisine tout en longueur, au bout de laquelle une porte donne sur la salle de bains ; et au bout de la salle de bains, une deuxième porte donne sur un couloir, avec une chambre, celle de ma mère, une seconde chambre, la mienne et celle de mon frère ;

au bout du couloir, on arrive dans le salon et la salle à manger. Ma mère tenait à cette frontière imaginaire : là, c'est le salon, et là, c'est la salle à manger.

Pendant que j'étais en Martinique, elle a refait sa vie avec un homme. Elle l'a épousé. Ensemble, ils ont eu mon petit frère, de cinq ans mon cadet. Assez peu de souvenirs de mon beau-père me reviennent : un bel homme au visage clair, avec sa moustache droite aux pointes recourbées. Et ce matin où je suis monté dans le lit pour me rapprocher de lui avant de me faire repousser d'un geste de la main, sec et tranchant : « Je ne suis pas ton père. » Puis, il y a ces moments de conflit qui vous marquent de façon indélébile : je le revois en train d'empoigner ma mère dans la pièce attenante… Une de ces journées maudites, je me suis dirigé vers la cuisine et j'ai saisi un couteau. Je ne sais même pas ce qu'est un couteau, mais je le tiens fort dans ma main, au milieu des cris. Je ne sais plus comment ma mère me l'a retiré des mains. C'est la première et la dernière fois que je l'ai vue pleurer. Mon beau-père et ma mère ont fini par se séparer. Je n'ai jamais évoqué ces épisodes avec elle. Ils ont pourtant entraîné chez moi un mélange de vigilance, d'inquiétude et d'attention constante aux autres. Surtout, j'ai appris à prendre sur moi. Ça marche comme ça, dans ma famille : on ne laisse rien transparaître de nos états d'âme et on n'évoque pas trop ces cicatrices du passé.

À la maison, les élans affectueux sont toujours contenus. Quand je vois des enfants jouer au foot avec leurs parents, il m'arrive de demander à ma mère où est mon père, mais elle ne répond pas. Au vrai, elle veut le meilleur pour moi, elle est seule et doit assurer tous les rôles à la fois. Le quotidien est fait de cache-misères. Un exemple parmi d'autres : à Noël, elle m'a offert un dictionnaire. Un dictionnaire... J'étais fou. Face à ma déception, elle m'a dit que c'était pour me punir de mon bulletin de notes, que si j'avais fait mieux, j'aurais eu une voiture télécommandée ou un train électrique. « C'est ta faute, t'avais qu'à travailler ! » Mais c'est parce qu'elle n'avait pas d'argent et n'osait pas l'avouer, par fierté. Elle pensait bien faire. Attention, je n'ai manqué de rien, et je sais combien ma mère s'est sacrifiée, combien elle bossait comme une dingue. Je me rappelle les horaires : soit elle partait en début d'après-midi et revenait en soirée, soit elle travaillait la nuit, partait à 19 heures et revenait au petit matin. Moi, je préférais quand elle était de garde, parce qu'elle préférait, elle aussi, parce que ça faisait un peu plus d'oseille, c'était une bonne nouvelle. Parfois, la fatigue, l'impatience et la colère prennent le dessus sur le reste, et je tâte le cuir de sa ceinture. Un grand classique dans les familles antillaises, à l'époque. Sans doute une manière, brute et sévère, de me préparer pour la suite, de me dire : si je te fais subir ça, alors imagine ce que pourraient te faire subir les autres. En tout cas, c'est comme ça que je l'analyse aujourd'hui.

Très tôt, elle m'a refilé cette espèce de retenue maladive. J'ai grandi la tête baissée, les épaules rentrées, avec des tais-toi et des te-fais-pas-remarquer. C'est comme ça, on évite de trop bomber le torse. À l'école, comme à la maison, je n'ose pas poser de questions. Si je ne comprends pas, tant pis pour moi, je fais seulement semblant de suivre, parce que je n'ai pas appris à demander. Je m'en sors parce que je suis logique, mais j'ai du mal. Ma mère ne peut pas m'aider pour les devoirs. Alors je me sens bête. C'est une spirale : plus on se sent bête, moins on pose de questions, plus on se sent bête... Lors d'une sortie scolaire, une institutrice flaire mon anxiété. Elle me prend à part, je lui dis des choses dont je ne me souviens pas, sur ma mère, sur mon père, et elle m'écoute. « Tu sais, répond-elle, moi aussi je t'aime Michel, n'oublie pas. » C'est peut-être bizarre, mais ça m'a fait du bien, parce que ma mère ne me le disait jamais.

Si j'avais pu aller à l'école et rentrer, sans adresser la parole à qui que ce soit, ni voir personne, elle aurait été comblée. Elle se méfie de mes camarades, du quartier, et veut à tout prix m'envoyer ailleurs. Aide-soignante dans un hôpital militaire, elle m'obtient une place dans un internat, loin de la galère, pense-t-elle.

6

Avec ma mère, nous prenons la voiture, nous quittons Bagneux et roulons vers le nord-ouest. Sur la route, les immeubles sont de moins en moins nombreux, remplacés par des arbres et des champs. Au bout d'une heure, nous arrivons à La Roche-Guyon, un village situé au carrefour entre le Val-d'Oise, les Yvelines et l'Eure. La Seine, les champs de céréales, les vieilles maisons en colombage... je n'ai jamais rien vu de tel. Au sommet d'une falaise crayeuse et escarpée, un vieux château surplombe les lieux, impressionnant. Je m'imagine déjà comme le héros d'un roman de cape et d'épée. Je suis content, c'est la grande aventure, ou, en tout cas, ça y ressemble. Le directeur nous reçoit dans son bureau. Il estime, sans qu'on comprenne bien pourquoi, que je n'ai pas le niveau pour rentrer en 6e, alors je retourne au CM2. Au bout d'une semaine, la maîtresse estime que j'ai finalement le niveau, et je remonte en 6e.

Sur place, l'ambiance est militaire. De la discipline, des horaires serrés, des règles strictes, un système bien huilé. Pour les tâches ménagères, il y a une petite roue qu'on fait tourner comme dans « Le Juste Prix », et c'est comme ça qu'on se répartit la vaisselle, le ménage et les lessives. Ce sont des lois brutes, mais justes et impartiales, qui donnent un certain cadre à ceux qui, comme moi, n'en avaient pas vraiment, et en avaient besoin. Ça crée un trait d'union entre les uns et les autres. Un week-end sur deux, chacun rentre chez lui et revient avec des délices qu'il est fier de partager avec les autres. Même ma mère me prépare un petit paquetage avec des Balisto. Je me débride un peu, je me fais de plus en plus bavard. Sur le temps libre, il y a des activités. Des intervenants passent à l'internat, et je commence à pratiquer le judo. Comme partout ailleurs, on joue au foot. Aux cages, je me débrouille pas trop mal, le meilleur gardien de foot de moins de douze ans de La Roche-Guyon. Au vrai, je suis bon parce que je suis le seul à accepter de plonger sur l'herbe sèche comme du ciment. Il fallait quand même être un taré. Au hand, pareil. Sans les gants, j'arrête les balles envoyées à 80 km/h comme des rochers. On m'appelle « mains de fer ». Moi, j'ai mal, mais je ne dis rien. Pas grave. Ici, je jouis d'une forme de liberté et d'insouciance retrouvée.

Pour autant, tout n'est pas rose, loin de là. À vrai dire, plus j'y repense, plus le tableau de cette période me paraît nuancé. À l'internat, certains sont des têtes brûlées, comme on dit, viennent de contextes difficiles, avec des parcours chaotiques. Deux enfants originaires de Nouvelle-Calédonie n'arrêtent pas de répéter qu'ils ont perdu leurs parents. Ils ne les retrouvent plus. Longtemps, je n'ai pas compris ce que cela signifiait. On perd pas ses parents, ça n'existe pas. Tes parents t'ont abandonné, c'est ça l'histoire.

Le corps qui change, la voix qui mue, les boutons qui apparaissent, la rébellion, l'anxiété, le malaise, l'ennui... À mesure que les mois passent à l'internat, nos regards sur nous-mêmes changent. Pire, le regard des autres structure tout. La vie devient une compétition sociale sans merci. En meute, les forts sont forts avec les faibles, faibles avec les forts. L'un des enfants fait régner la terreur dans les couloirs. Un jour, il passe sur les tables et récupère les yaourts à la vanille des autres. Je le vois approcher. Je ne rigole pas avec la nourriture. Tu peux me prendre ce que tu veux, mais pas la bouffe. Il arrive, demande mon yaourt. Je ne réponds pas. Il insiste. Silence. Il avance sa main. Je mets la mienne sur le yaourt. Y a pas moyen, pas moyen, pas moyen.

« Tu me prends pas mon yaourt.

– Ah ouais ? »

Il tente de me l'arracher. Là, je me lève, je le pousse et je lui fais une tête au carré. Comme il emmerdait tout le monde, depuis trop longtemps, les surveillants mettent du temps à rappliquer. Quand j'arrête de le secouer, tout le monde me regarde. Limite je suis fier. Pas vraiment de quoi, pourtant. C'est arrivé une autre fois. Le même mec faisait le malin, je suis monté sur les lits superposés et je l'ai séché. Après ça, il a été cool avec moi. J'avais gagné son respect et celui des autres. Il faut bien se défendre, apprendre à s'affirmer, mais cette violence cache autre chose. Bien plus tard, j'en ferai à nouveau l'expérience. Pour le moment, je commence à comprendre que le regard des autres change à mon endroit : je grandis, je m'allonge, un peu plus balèze que les copains, tout cela dégage quelque chose qui m'échappe. Je le sens. Les regards d'adultes qui se posent sur ma silhouette sont de plus en plus parasités par des préjugés, des appréhensions irrationnelles qu'eux-mêmes ne contrôlent pas, et qui remontent probablement à beaucoup plus loin que leur propre histoire de vie.

L'internat n'était pas un environnement raciste, mais certains comportements, certaines remarques l'étaient. Dans les dortoirs, on écoule nos soirées dans des conversations d'ados complexés, obsédés par leurs corps mutants. Un soir, l'un d'eux se livre et dit des choses violentes qui n'ont aucun sens : « Moi je suis content d'être français, je ne voudrais pas être noir ! » Il ne sait pas de quoi il parle, il ne comprend pas bien ce qu'il dit, mais moi non plus. Alors je fais mine de rien, mais ça me touche. Un autre soir a lieu un jeu con de comparaison sur les physiques des uns et des autres. Pour illustrer la normalité, un garçon met son doigt sur ses lèvres fines. Voilà, sous-entendu, moi je suis *anormal*. J'ai un gros nez, de grosses lèvres, je suis différent de ce qu'il définit comme la norme. À douze ans, l'âge où tu commences seulement à te construire, c'est dur. Inconsciemment, j'intériorise cette position moins enviable qu'on me suggère. Je n'ai pas de référent glorieux à leur opposer. Je ne sais pas encore qui sont Malcolm, Martin Luther King, Aimé Césaire, Léopold Sédar Senghor, Frantz Fanon, James Baldwin, Richard Wright. On ne m'a jamais parlé de négritude. Je n'ai jamais entendu « *Black is beautiful* » et encore moins « noir c'est beau ». Les héros de mon enfance ne me ressemblent pas. Dans tous les dessins animés, les personnages sont blancs. Quand je regarde *Starsky et Hutch*, je veux ressembler à l'un des deux détectives, et pas à Huggy les bons tuyaux, la balance... Dans *L'Agence tous risques*, Barracuda est la brute épaisse et décérébrée qu'il faut endormir avant de prendre l'avion. Il y a aussi le *Cosby Show*, puis *Le Prince de Bel-Air*. Des gens blindés, des personnages hors-sol, dont l'expérience n'a rien à voir avec la mienne, de la science-fiction pour moi, à l'époque. J'essaie de comprendre. Ça me paraît trop simple de remplacer des personnages blancs par des personnages noirs, pour faire de l'entrisme quelque part. Ça nous fait miroiter une certaine idée de la bourgeoisie, en nous faisant croire qu'elle est accessible, alors qu'on en est privés, ou qu'elle ne nous fait pas forcément envie. Encore aujourd'hui, quand on m'explique : oui mais dans le *Cosby Show*, c'est des renois de bonne famille. Mais qu'est-ce qu'une « bonne famille » ? Ma famille ne serait pas « bonne » alors, pas de chance...

Attention, gamin, je m'identifie assez facilement à tous ces héros qui ne sont pas mes parfaits semblables, bien au contraire. Mais, le souci, c'est qu'il n'y en ait pas eu beaucoup d'autres pour diversifier le tableau, pour qu'un enfant noir ait eu un héros qui lui ressemble, mais aussi pour qu'un gamin blanc puisse prendre un personnage noir comme modèle. Ça paraît anodin mais ça tord généralement le cou aux stéréotypes et aux assignations trop rapides. Ça nous rapprocherait finalement de cette société à laquelle on aspire tous et où la couleur de peau n'a pas plus de signification que la grandeur des pieds. Il faut des modèles noirs, comme il en faut des arabes, des asiates, tout ce que vous voulez.

En France, il arrive qu'on évite le mot « noir » pour parler de nous. On dit « black » ou « renoi », comme si on se cachait, peut-être parce que « noir », ça renvoie à quelque chose de mauvais. Avoir des idées noires. Être une bête noire. Broyer du noir. J'ai souvent entendu « *black is beautiful* » mais beaucoup moins « noir, c'est beau ». Alors peut-être faut-il l'assumer davantage et le répéter : être noir c'est beau.

7

Pour résumer mes dix premières années, commençons par une image. Mon enfance est une maison avec de hauts murs en pierre, une grande porte en bois, un toit en vieille charpente. Bref, un lieu sûr et protégé, à l'abri du monde extérieur. Les années avancent, et soudain, on découvre une tache d'humidité, nichée sur un coin du plafond. Puis, la tache s'étale, chaque jour un peu plus large, et on ne voit plus qu'elle, ça devient une obsession. Les murs se lézardent. Une fissure parcourt maintenant la façade. Un soir de tempête, le toit, les volets et la porte s'envolent, arrachés par le vent. La maison finit par s'effondrer.

Après deux années à l'internat, je rentre à Bagneux, sans bien savoir pourquoi, sans doute une histoire de thunes, ou une question de niveau scolaire, personne ne m'explique rien. En 4e, j'intègre le collège Romain-Rolland, soit l'épicentre de l'inquiétude de ma mère, pile là où elle ne voulait pas m'envoyer. Pour y aller, quinze minutes de trajet en bus, ou quinze minutes de marche à travers les cités de Bagneux.

Le nom « Bagneux » vient-il du « ban royal », frontière physique à l'intérieur de laquelle un seigneur peut exercer son pouvoir, ou des sources d'eau des environs, les fameux « bains » romains ? Ces débats de toponymie ne sont pas les nôtres. De l'histoire de ma ville, je ne connais alors pas grand-chose. Je ne sais pas qu'on y a retrouvé des traces de culture, de rites et de croyances remontant au paléolithique. Tout juste sait-on que, pendant des siècles, la ville s'est développée autour de l'exploitation des carrières et des vignes. Je ne sais pas non plus que Catherine de Médicis vint y retrouver le prince de Condé au cœur des guerres de Religion, que Louis XIV y organisait des chasses royales, ou bien que les Balnéolais rédigèrent un cahier de doléances à la veille de la Révolution française. Au XXe siècle se sont succédé les flux de population, les plans d'urbanisation chaotique et les maires communistes. Mais quelle est ma place dans cette histoire ?

Dans nos quartiers qui fonctionnent en vase clos, le destin de chacun se confond avec celui de sa cité, avec un nom de rue, une barre d'immeubles... Moi, j'habite dans une voie étroite, coulée entre les tours beige et gris, pas loin de la cité des Tertres, réputée pour la vente de drogues. Derrière mon bâtiment, trois grosses tours qu'on appelle les Bas-Coquarts, et un peu plus loin, au nord, accolée au cimetière, la Pierre-Plate, réputée pour sa dangerosité.

Le collège est une suite de bâtiments gris, aux lignes mi-rigides, mi-circulaires, plantés sur une grande cour en béton, au milieu des immeubles et des pavillons. Folie à tous les étages. Parfois, des jeunes qui n'ont rien à faire là rentrent dans la cour en motocross, font des rodéos sauvages, sèment les adultes à leurs trousses et détalent. Les bagarres ou les matchs de foot ponctuent les récrés et les rendez-vous devant la sortie. C'est un lieu un peu plus dur qu'ailleurs, qui traîne sa mauvaise réputation avec lui, comme un boulet. Aujourd'hui tout ça a bien changé.

Un matin, ma mère me défait mes tresses de la veille, mais je n'aime pas la coupe, alors je repasse un coup de peigne afro. Sur la tête, j'ai une touffe pas possible, à la Jackson 5, mais pas grave. Un peu plus tard, en cours de sport, on est assis dans un escalier, en écoutant le professeur. Derrière moi, un élève arrache une tige d'orge dans les thuyas et la lance dans mes cheveux, comme une fléchette. Ses potes font pareil, ils sont plusieurs à attraper des tiges et à viser ma tignasse comme une cible géante. Ça les fait rire. Quand le prof se retourne, ils recommencent. Je les fusille du regard, ça énerve le gamin que je suis.

De toute façon, moi non plus je ne suis pas tendre. Au sein du collège, il y a des classes spécialisées, dédiées aux élèves en situation de handicap, ou aux étrangers, à des jeunes gens, souvent plus âgés que nous, qui apprennent à parler français, à lire et à écrire. Parfois, il y en a un qui s'en sort, rentre dans le cursus « normal » en 6e, et c'est une victoire pour lui. Mais ils sont différents de nous, alors il arrive qu'on se moque d'eux, gratuitement, juste parce que ça nous fait rire et nous sentir un peu supérieurs, ou un peu moins inférieurs.

Dans notre classe, il y a un garçon en surpoids. Les autres se moquent de lui, ricanent à son passage, le traitent de gros. Moi, je l'aime bien, c'est mon pote, mais j'avoue : pour faire marrer les autres, ça m'arrive de lui pincer les tétons. Lui aussi, ça le fait rire. Jusqu'au jour où, après l'avoir pincé, je remarque qu'il ne sourit pas, et fond en larmes.

« Bah, je rigole, c'est comme d'hab'...

– Ça me fait pas rire, là j'ai pas envie, et ça m'a jamais fait rire. »

Ce jour-là, il m'a donné une leçon, et je ne l'ai plus jamais emmerdé. Ça commence donc par des blagues inoffensives, pas bien méchantes. Puis, il y a leur répétition, jusqu'à ce qu'elles se transforment en mesquinerie, puis en provocation, jusqu'à faire dégoupiller l'autre. On ne rit plus *avec* mais *aux dépens* les uns des autres. Chacun se rassure comme il peut, en mettant les autres dans des cases. Tu traînes avec quelqu'un qui ne te ressemble pas, et c'est tout de suite étrange, limite suspect. De là viennent les premiers coups de poing, les premières bagarres, parce que tu veux te faire respecter, mais tu ne sais pas comment t'y prendre.

Sur mon temps libre, je joue à la Mega Drive et regarde le « Club Dorothée », comme bon nombre d'ados des années 1990. Parfois, je me prends pour un personnage de *Dragon Ball*. Petit rappel utile pour ceux qui n'ont pas grandi dans les années 1990 : inspirée d'un conte traditionnel chinois, cette série animée japonaise suit l'histoire du brave Son Goku, un jeune homme à queue de singe, lancé à la recherche des sept boules de cristal dispersées sur Terre. Une fois réunies, elles font apparaître un immense dragon vert et sacré, capable d'exaucer le souhait du propriétaire des *dragon balls*. Chaque mercredi matin, avant de partir au collège, je reste scotché devant le « Club Dorothée » pour ne rien manquer des dernières aventures, fasciné par cette mythologie de héros qui volent dans le ciel, s'envoient des boules de feu, se battent jusqu'à faire exploser des planètes entières. L'épisode se termine tard, alors je me tiens près de la porte de l'appartement, mes chaussures lacées, mon manteau enfilé, mon cartable sur l'épaule, suspendu au sort de Son Goku, Vegeta, ou Piccolo. Générique. Clac, j'éteins la télé, et je dévale les escaliers pour ne pas rater le bus et arriver à l'heure au collège, encore étourdi par cet univers épique, si loin de ma réalité un peu morne. Avec mon petit frère, on enquille aussi des cassettes de films de Jean-Claude Van Damme aux noms qui tabassent : *Kickboxer*, *Full Contact*, *L'Arme absolue*...

Après le départ de mon beau-père, je m'invente un rôle de père de substitution auprès de mon petit frère. Avec lui, je me montre dur, autoritaire et intransigeant, comme un maître avec son petit scarabée. Pour l'entraîner à faire des coups de pied retournés comme JCVD, je le plaque contre le mur, et je me mets à écarter ses jambes, à les pousser doucement jusqu'au grand écart, jusqu'à le faire pleurer et hurler de douleur. Un jour, un cousin l'entend crier, intervient et m'en colle une, afin de me ramener à la réalité. N'empêche, aujourd'hui, il met des sacrés high kicks…

« Allez, on va t'inscrire au judo ! » Pour ma mère, la solution est toute trouvée, simple et efficace. Elle sent que j'ai de la colère à revendre et une énergie qu'il va bien falloir canaliser. Alors je commence le judo. Là, un nouveau monde s'ouvre à moi, avec ses codes, ses héros aux noms à mes yeux exotiques – Jigorō Kanō, Mitsuyo Maéda, Keiko Fukuda – et son code de l'honneur. Le professeur s'appelle maître Kenzi. Avant d'aller le saluer, il faut saluer le tatami. Il sait nous parler, nous éduque, explique. D'abord on se trompe, on rate, on exécute les prises avec maladresse. Mais nous l'écoutons, appliquons ses consignes, avec rigueur et dévotion. On rate, rate, rate encore. Et parfois, il se produit quelque chose de magique, surtout dans la tête d'un garçon au cerveau en pleine formation : ça marche. À force de répétition et d'application, le travail paie et on peut renverser des montagnes. Rapidement, je fais des progrès, passe d'une ceinture à une autre, blanche, jaune, orange, verte. Une prise après l'autre, je progresse, gagne en confiance, apprends à m'affirmer. Encore une fois, ce genre de discipline offre un cadre à ceux, comme moi, qui n'en ont pas. On colmate les brèches. Je suis si jeune, et il y a déjà tant de choses à réparer...

Dans la cour se joue parfois un remake de *West Side Story*. Très simple : notre classe est en guerre avec toutes les autres. Quand nous croisons nos ennemis dans les couloirs, il arrive que nous nous jetions sur eux, les rouions de coups, avant de disparaître le plus vite possible. C'est un jeu con, mais c'est comme ça dans toutes les cours de récré, non ?

Un jour, je vois un mec de l'autre classe, seul, je fonce, lui mets un coup, pas très violent. Il tombe, et se met à hurler. Qu'est-ce qu'il y a ? J'ai à peine commencé... « Barrez-vous, barrez-vous ! » crient les autres. Moi, je reste sur place. « T'as mal où ? » Étalé au sol, il pointe sa jambe. Je me baisse et touche son pantalon. Rien. Il a glissé et son genou s'est déboîté. Les adultes arrivent. Mes potes sont déjà partis. Aïe.

Ma mère est convoquée dans le bureau du directeur. Elle rentre en furie. Bam ! Elle me met une claque dans la gueule, devant tout le monde. Tout s'est alors arrêté, s'est mis à défiler au ralenti, ça a sifflé. Une tarte du cosmos. J'ai regardé le directeur, mais il n'a rien dit. Après tout, ma mère fait ce qu'elle veut. Elle insiste pour aller chez ma victime. Quand on arrive, on rencontre son père, un mec avec une petite bibine, le bide qui dépasse un peu sous le T-shirt, à la cool. Ma mère présente ses excuses. Elle me pousse. « Excuse-toi ! » Le père calme le jeu. « Ma petite dame, ça va, mon fils m'a dit qu'ils s'amusaient, c'est un accident, plus de peur que de mal ! » Ouf. Ma mère est soulagée, l'honneur est sauf, l'homme blanc a pardonné son fils noir. Aujourd'hui, c'est ainsi que je le comprends...

Me voilà renvoyé du collège pour une semaine. Si je dois rester enfermé à la maison, ma mère va faire en sorte que je préfère retourner en cours. Pour me racheter, je dois faire des tâches. Pendant une semaine, du matin jusqu'au soir, je fais le ménage, du sol au plafond, et récure les moindres recoins de l'appartement. Quand je pense avoir fini, il faut tout reprendre depuis le début, l'enfer... Mes camarades de classe passent à la maison. La voix timide et tremblante, ils tentent d'expliquer à ma mère : « C'est pas sa faute, c'était un accident... » Je ne les ai jamais entendus aussi polis. Il fallait l'affronter, ma mère.

Quand on me demande ce que je veux faire plus tard, je réponds vétérinaire. Du tac au tac, sans réfléchir. Une réponse instinctive ; sans doute aussi un réflexe de protection qui me renvoie au souvenir de mon enfance au milieu des animaux. Au vrai, devenir vétérinaire, avocat ou journaliste, tout cela est une idée lointaine et me paraît hors d'atteinte. J'ai beau travailler chez moi, me démener à essayer de rattraper tout ce que je n'ai pas eu le temps d'assimiler en classe, rien n'y fait, je n'arrive pas à être constant. Quand l'envie me vient, j'apprends tout par cœur. Je me mets une pression pas possible et je tape un 18/20 en histoire. Au contrôle suivant, je plafonne à 8, voire moins. Ça vous remet à votre place : voilà, c'est ce que tu vaux, sept points sur vingt, pas un de plus. Chaque fois, on se sent un peu plus bête. C'est un peu humiliant et ça vous brûle à petit feu. Je me renferme sur moi-même. C'est pratique pour tout le monde : on ne dit plus rien, on n'est plus un « élément perturbateur », on a juste honte en silence. Ma mère n'est jamais là et, quand elle rentre, elle est de toute façon trop épuisée pour m'engueuler à cause d'un mauvais bulletin.

Je n'étais pas le seul comme ça. Parmi mes potes, il y avait ce qu'on appelle des « cancres ». Aujourd'hui, l'un d'eux a créé sa marque de fringues. C'est pas un con. Un autre dessine pour Disney. Pas un con. Un autre encore travaille dans l'informatique, pour des firmes américaines, à un haut niveau. Pas un con, lui non plus. Sur leur chemin, ces gars ont trouvé quelqu'un qui leur a parlé, leur a donné des conseils, ou simplement fait confiance. Mais personne ne nous aidait à mettre les choses dans les bonnes cases. L'école se chargeait de nous le rappeler : non, non, les bonnes notes qui mènent aux longues études qui mènent aux bons salaires, ce n'est pas pour vous.

On grandit, on s'allonge, on devient plus fort. Sur les photos de classe, on a tous l'air de sortir de *Retour vers le futur* avec nos survêtements multicolores, nos pantalons taille haute, nos salopettes tendance. Dans *Le Prince de*

Bel-Air, j'aurais voulu être Will Smith, ma mère voulait que je sois Carlton.

À l'époque, Bagneux est une plaque tournante du trafic de drogue, mais je ne le sais pas encore. Au quartier, je commence à comprendre que certains gagnent un peu d'argent, pas mal d'argent, même, pour des gamins de quinze ans. Des potes m'expliquent : ils font du business, ils vendent, ils dealent, ils bicravent. Mais je ne saisis pas encore ce que cachent ces mots. Naïf que je suis, et trop honteux pour poser la question, je devine simplement que c'est mal, pas réglo, qu'il vaut mieux ne pas traîner avec eux. De toute façon, je préfère passer mon temps libre à jouer à la console, je défonce Sonic, et ça m'évite de faire pas mal de conneries. Mais voilà, certains se paient des Air Max et des vestes Schott, quand d'autres restent sur le carreau. On se jauge, on se juge, on mesure sa valeur à la dernière paire de baskets, au sweat un peu tendance. Ça, et puis, il y a les petites sorties, le ciné avec cette fille qu'on aime bien, le grec avec les potes. Bref, l'argent commence à devenir un sujet.

Un matin, un pote qui fait du « business » me propose d'acheter ma Mega Drive, la console de jeu que ma mère nous a achetée à la sueur de son front, au bout de ses nuits de garde à répétition. J'accepte. Dans le salon, je débranche la console, j'emporte les jeux, descends l'escalier et la ramène au pote, en échange de trois ou quatre billets – à l'époque, c'était beaucoup. Un peu dégoûté, je sens que je me suis fait avoir, car je ne pourrai plus jouer à présent, mais tant pis. De retour à la maison, ma mère demande :

« Où est la console ?

– Euh... je l'ai vendue.

– T'as vendu la console.

– Oui, à ce pote-là...

– T'as vendu la console ?! »

Allez, on va aller chercher la console. Elle me prend par le bras et m'emmène aux Tertres, là où elle m'a toujours interdit d'aller. « Tu viens avec moi ! » Ma mère trace sa route. Nous arrivons dans le quartier. Elle se dresse comme un roc face à un grand gaillard, visage sévère, dur et terrifiant.

« Mon fils a vendu la console, commence-t-elle. Moi, je veux pas vendre la console, alors je veux la récupérer. »

Soudain, l'autre se transforme en agneau. Dans nos quartiers, le respect est érigé comme valeur cardinale. Les petits frères respectent les grands, les jeunes respectent les anciens.

« C'est quoi cette histoire ? » demande-t-il, en attrapant mon pote. Bam. Il lui colle une gifle, récupère la console, la tend à ma mère avec déférence. « Tenez madame, désolé... » Problème réglé, mais ma mère est furieuse et peinée.

Alors je me retrousse les manches. Du moins, j'essaie. Un jour, je vais voir Ousmane, un autre copain. Ma mère l'aime bien, celui-là. Il vend des jouets pour enfants sur le marché tous les week-ends.

« Tu peux m'incruster ? je lui demande.

– Écoute, si tu veux, j'en parle au gars, mais il faut se lever tôt... »

C'est parti. Le dimanche, je me lève à 5 heures du matin, je marche dans un froid qui gifle le visage et brûle les mains. Il faut monter le marché, déballer la marchandise, rester là toute la journée. Quand c'est fini, tout ranger, tout remballer. Ousmane a le coup de main. Moi, je galère, j'ai toujours peur de me claquer les doigts gelés en pliant une table trop vite. On s'accroche. Sur un autre stand, on vend de la sape. Je ne suis pas mauvais, mais c'est épuisant. En fin de journée, j'attends la paie avec impatience : 100 francs. Super... Sur le moment, je suis content, mais ce n'est pas assez. J'ai quatorze ans, je ne comprends rien au travail, et commence seulement à saisir pourquoi mes potes vont chercher ailleurs une paie un peu plus juteuse.

Doucement, je comprends le monde dans lequel j'évolue, ses règles et ses codes. Un jour, je vois un mec tracer dans mon immeuble, poursuivi par un groupe de policiers. Ils le rattrapent dans l'escalier, lui passent les menottes et l'arrêtent pour trafic de stups. Un autre jour, un mec fonce vers moi en hurlant : « Des skins ! Y a des skins ! » Je ne sais même pas de quoi il parle, mais ça sent pas bon, alors je me mets moi aussi à courir. Parfois, j'entends aussi parler des Black Dragons, ce gang de chasseurs de skinheads né dans les années 1980, dans les Hauts-de-Seine. Tout cela fait partie de notre quotidien où les bagarres se mêlent aux courses-poursuites.

Ah un dernier souvenir de mon adolescence : je rentre chez moi, j'attends le bus et je vois deux mecs en train de taguer l'abribus, je les regarde inscrire leur blaze au marqueur. Une voiture de police passe et s'arrête. Là, les autres sont vifs et détalent. Moi, je n'ai rien fait, alors je bouge pas. Erreur. Les policiers viennent vers moi, me posent des questions, fouillent ma banane. À l'intérieur, j'ai un marqueur, donc ils me font porter le chapeau. Ils m'emmènent quelques heures au commissariat, me menottent au radiateur. Je suis un gamin. Je me sens mal, je reste silencieux, je ne dis rien. Je ne crois même pas qu'ils appellent ma mère. Ils auraient pu s'abstenir mais il faut bien un coupable, et je suis au mauvais endroit au mauvais moment, et il paraît que tous les Noirs se ressemblent un peu, et au moins ça me donnera une leçon, et... il y a un peu de tout ça là-dedans. Très tôt, ça crée un rapport de crainte avec la police et ça annonce la couleur pour la suite.

Jour après jour, la maison de mon enfance s'effondre. Alors on rafistole, histoire de faire un toit qui tienne à peu près la route dans les nuits de tempête. On bricole, on se débrouille. Tout ce qu'on n'a pas, tout ce qui nous manque, il va falloir le construire nous-mêmes. Aujourd'hui, suite à un accident, Ousmane n'est plus de ce monde, paix à son âme.

8

C'est fou comme un trajet en bus peut tout changer. Un matin, le chauffeur du car scolaire lance la musique du poste radio. Des sons électro se mêlent aux scratchs, un beat attire notre attention, cela ne ressemble à rien de ce que je connais jusqu'à présent. Une vague d'énergie en pleine face. Soudain, une voix débarque avec l'assurance amusée de celui qui s'apprête à mettre un coup de pied dans la fourmilière :

Mon nom à moi c'est Benny B
oui tu l'as deviné...

Dans les rangées, tout le monde se tait, se met à remuer la tête ou se penche en avant pour bien entendre, comme s'il fallait voir la musique sortir des haut-parleurs pour le croire. Les rimes se suivent.

Comme toi je veux la justice
j'essaie de défendre mes droits.
Partout où tu vois la police
c'est qu'on parle de moi.

On se regarde les uns les autres, l'air d'essayer de comprendre ce qui se passe. Une voix issue de la série *Capitaine Flam* enchaîne et lance un refrain qui nous met tous K-O comme un uppercut :

Mais vous êtes fou ?
*— Oh oui !**[1]

Nous sommes au début des années 1990. L'heure est aux Elton John, Madonna et autres Phil Collins. En France, Patrick Bruel chante « Casser la voix », et Julien Clerc « Fais-moi une place ». La musique française ronronne et carbure aux chansons à la papa. Pas étonnant, à cet égard, que le morceau du groupe belge Benny B fasse l'effet d'un tremblement de terre dans nos têtes d'ados médusés. Dans la cour de récré, les couloirs ou à la cantine, la question fuse comme le tope-là de notre génération : « Mais vous êtes fous ? — Oh oui ! » Drôle de moment où le rap entre dans votre vie, sans frapper à la porte ou crier gare, pour ne plus jamais en sortir. C'est un premier électrochoc, qui en appellera bien d'autres.

Petit rappel à toutes fins utiles pour les lignes qui vont suivre : Internet n'existe pas, le streaming est une idée de science-fiction et la découverte repose avant tout sur quelques bonnes rencontres.

Derrière mon bâtiment se trouve un terrain multisport en béton. C'est le point de chute de celles et ceux

* On trouvera les notes en fin de volume.

qui souhaitent jouer au foot ou au basket jusqu'à pas d'heure, bavarder de tout et de rien, vanner, draguer, et passer du temps en bonne compagnie. Sur le terrain, je joue parfois au basket avec des potes et des inconnus. Après les matchs, il m'arrive de traîner avec les plus grands au niveau d'un tourniquet pour enfants.

Car, de mon côté, je n'ai pas le droit de sortir n'importe quand. Parfois, ma mère ferme à clef avant de partir. Mais j'ai trouvé une astuce. Une fois, je me suis retrouvé coincé à l'intérieur avec mes cousins. L'un d'eux a sauté par la fenêtre du premier étage pour aller ouvrir la porte. Alors je sais que c'est possible. Chaque fois que je veux m'évader, je saute par la fenêtre et mon ami Jimmy m'aide à regagner l'appartement du premier étage avec une échelle. Je le revois partir, fier d'avoir accompli sa mission.

Jimmy est un jeune homme élancé au regard vif : Jimmy. Trois ans de plus que moi, une verve sans pareille et une certaine aisance avec les filles. Un dernier trait le distingue de tous les autres, en tout cas à mes yeux : il écoute du rap américain. Son délire : saigner les derniers sons du moment et propager ses découvertes comme on répand la parole divine. Toujours, il arrive avec de nouveaux noms qui claquent : Slick Rick, Fu-Schnickens, Ice-T, Public Enemy, Digital Underground... Un jour dans les prod' lancinantes de DJ Quik et Pete Rock... Le lendemain avec les rimes énervées de NWA et Gang Starr. Quand il m'arrivait d'écouter du R&B il grognait et s'éloignait en faisant la tête. On l'entendait alors grommeler : « J'aime pas le R&B ! »

Soudain, un monde s'ouvre à moi, avec ses héros, ses rivalités, son style vestimentaire, sa géographie, son histoire, sa fureur et sa frénésie.

Au fond de ma classe, un autre ado est lui aussi dans le secret. Il est philippin, parle avec un accent inversant les « p » et les « b », et réciproquement. Il a vécu aux États-Unis, j'imagine, il parle trois langues : le français, l'anglais et le tagalog. Physiquement, il est balèze. Il a redoublé plusieurs fois. Un vrai cancre en cours, sauf en anglais, mais un pur geek de musique avec toujours les dernières Jordan aux pieds. Chez lui trône une montagne de cassettes glanées au fil de ses voyages. Face à notre soif de nouveautés, un halo de mystère enveloppe le Philippin : mais comment fait-il pour avoir autant de morceaux si rares, introuvables ailleurs ? Grand seigneur, il me fait des copies parfaites et m'apprend à faire comme lui. Toujours la même manipe : on branche la radio, Générations 88.2 FM, et on insère une cassette dans le lecteur. Le morceau part. Clac. Il faut être vif et alerte. Alors les bobines tournent et s'imprègnent des nouveaux sons. Magique. On se jette corps et âme dans cette quête de musique d'ailleurs. J'aime ce que j'écoute, sans toujours savoir qui pose ses mots, et peu importe. Je me passe volontiers des idoles. Car ce qui m'envahit dépasse largement les questions de notoriété, de star-system, ou d'effet de mode. Non, tout cela est trop superficiel et pas assez organique. Ma passion est guidée par quelque chose de plus profond, j'écoute tout ce qui me passe sous la main, de la manière la plus instinctive qui soit.

Vite, un beat en remplace un autre, chaque rime appelle la suivante, ce n'est plus de la mélomanie, mais de la boulimie. Je ne parle pas anglais et ne saisis pas tous ces verbes qui nous arrivent de l'autre côté de l'Atlantique. Mais une certitude agite nos esprits alors que nous secouons nos têtes : bien que lointaine, et différente, la réalité décrite dans ces rimes résonne étrangement avec ce que nous vivons ici. Ensemble, nous sommes happés par l'élan de ces jeunes gens modernes, qui nous ressemblent et qui, son après son, façonnent les contours d'une culture nouvelle. Car le Hip-Hop ne se réduit pas qu'au rap, mais englobe le graffity, le beatboxing, la danse, le DJing, et j'en passe...

La lame de fond gagne la France. Dans nos enceintes, on entend de plus en plus parler d'un certain Claude, dit MC Solaar, un jeune rappeur du Val-de-Marne. Affûtés en métaphores, ses textes naviguent entre humour et poésie. Produit par Jimmy Jay et Boom Bass, future moitié du groupe emblématique de la French Touch, Cassius, son premier album n'a pas peur de heurter cuivres jazzy, funk enivrante, sonorités latines et africaines. Mais, à l'époque, le mot « sample » ne fait pas partie de mon vocabulaire. Je kiffe, c'est tout, et c'est déjà beaucoup. *Qui sème le vent récolte le tempo* est une nouvelle claque. Aux quatre coins de l'Île-de-France, on scande « Bouge de là », comme un cri de révolte. Solaar est fort, très fort. « Claude MC est mon nom, Solaar est mon tag, il aura du renom », balance-t-il sur Radio Nova, dans l'émission de Lionel D., MC originaire de Bagneux, et Dee Nasty, DJ et future légende du Hip-Hop en France. On s'arrache la cassette *Rapattitude*, qui rassemble toutes ces étoiles montantes du rap français. Assassin et NTM connaissent leurs premières heures, tandis que, à l'autre bout de la France, IAM, un jeune groupe, revendique une attaque en règle venant de la planète Mars. Bref, il se passe quelque chose. Une à une, les digues tombent. Les codes volent en éclats. Comme des explorateurs taillant leur chemin dans la jungle à coups de machette, ces pionniers tracent leur route et ouvrent la voie aux plus jeunes.

Attendez, nous aussi on a le droit de faire ça ?

Alors, c'est parti. Avec Jimmy, on se débrouille pour dénicher des face B, qui sont des instrumentales se trouvant de l'autre côté du vinyle et de son morceau original, ou on se met à rapper sur des instrus fabriquées par d'autres. Évidemment, on cafouille, on trébuche. Mais y a pas mort d'homme, donc on se relève et on y retourne. On a le droit de se rater. Apprentissage de la légèreté et d'une forme d'inconséquence.

Dieu merci, nos parents nous ont inscrits à la Maison des jeunes et de la culture du quartier, l'une de ces structures associatives nées après la Seconde Guerre mondiale issues de cette belle idée que l'on émancipera un jour la jeunesse par l'accès à la littérature, au cinéma, aux spectacles... Intégrés à l'atelier musique, nous apprenons à bricoler nos rimes. Certes, j'aurais pu apprendre ce plaisir de l'écriture à l'école. Mais dire l'inverse serait mentir : il fallut bien le rap pour me plonger dans l'art délicat des litotes et des oxymores. De mon côté, j'aime écrire avec beaucoup de métaphores. Mes textes sont très imagés. Griffonnées au fil de mes envies sur des cahiers ou des feuilles volantes, certaines phrases ne m'ont jamais quitté. Je les porte toujours en moi, comme un souvenir de jeunesse.

Les rues sont bondées,
pleines de monde,
dès que la nuit tombe,
La came abonde,
c'est l'hécatombe.
Les condés tournent,
font des rondes, les frères tombent
quelle que soit la saison,
les fils glissent
sur la pente du vice
et perdent la raison.
Les parents stressent et
dans la tristesse,
constatent que leurs enfants délaissent
leurs cahiers d'école et font du business.
Ils veulent pas être homeless,
veulent le pactole,
16 ans déjà accro du spliff et de l'alcool.
Marre d'être sur la paille,
la canaille devient racaille...

D'autres sont aimantés comme nous par cette culture naissante. À la MJC, Jimmy et moi nous lions d'amitié avec un mec aux grands yeux noirs, tantôt malicieux, tantôt sévères : Yannick. Lui rappe déjà depuis un moment, mais se garde bien de nous le dire, préférant nous impressionner avec son temps d'avance qui nous semble être une éternité. C'est alors que nous inventons d'autres versions de nous-mêmes, plus confiantes et sûres d'elles-mêmes. Comme des super-héros, nous fabriquons nos alter ego, nous choisissons des purs noms de scène. Jimmy, c'est « Diksa », pour « dis-que-ça ». Moi c'est « Balrog », en référence au boxeur fictif – et inspiré par Mike Tyson – du jeu vidéo de combat *Street Fighter*. Et puis Yannick devient Y.A.N.N.I.C.K. On se cherche un nom de groupe, « S-PRI Incisif » ou « M.A.L. » – à ce jour, aucun de nous ne sait ce que signifie chaque lettre. Nous nous essayons à l'art de l'egotrip – pour la première fois de ma vie, je le dis à voix haute : je suis le plus beau, le plus fort, le meilleur. Pour un gamin effacé avec une représentation dépréciée de lui-même, ça débloque beaucoup de choses.

Une fois nos doubles façonnés, nous rappons dans la désinhibition la plus totale. D'abord, pour nous, entre nous. Ensuite, on s'essaye aux shows devant nos potes, dans le quartier. Enfin, on commence à faire des petites scènes. Parfois, la pudeur nous rattrape. Souvenir indélébile d'un refus d'obstacle lors d'un petit concert à la MJC. D'ordinaire, Jimmy n'est pas coincé, pas du genre timide, encore moins le style à se dégonfler. Ce jour-là, il nous montre son texte. « Wouah, lâche-t-on. T'es sûr de toi ? C'est chaud, c'est osé. » Qu'importe, rien ne l'arrête, surtout pas nos réactions. Le concert commence : Yannick fait son truc, propre, comme toujours ; j'arrive pour le refrain ; après quoi, Jimmy doit enchaîner. Mais quand vient son tour, il est méconnaissable, tremblant comme une feuille. Il démarre.

Un peu criminel, je vis dans les ruelles
obsédé sexuel...

Un silence... « Ah non, souffle-t-il, je peux pas... » Euh... Allez, je vole à son secours et enchaîne avec le refrain. Fin du concert. Pas une surprise si les regards sévères des mamans assises dans la salle polyvalente l'ont tétanisé. Après un concert en plein air donné juste derrière mon immeuble, je rentre à l'appartement et ma mère me dit qu'elle a entendu ma voix, mais elle n'est pas sortie. À l'époque, rares sont les adultes qui se déplacent pour écouter leurs enfants rapper. Pour la génération de nos parents, c'est encore une de ces modes qui finiront par passer, ou tout simplement une musique de guignols décérébrés.

Partout en France, le niveau monte pourtant d'un cran. Quand on écoute les premiers morceaux d'un autre collectif nommé la Mafia K'1 Fry, on hallucine. Eux semblent envoyés du futur. Mais qui sont ces gars avec un temps d'avance qui s'approprient les dernières évolutions de la musique et les meilleurs flows ? Sur cassettes ou sur les ondes radio, leurs sons arrivent de Vitry-sur-Seine, Orly, Choisy-le-Roi, Joinville-le-Pont, jusqu'à Bagneux. Même pas besoin d'Internet. En un éclair, la musique fait le tour de la grande couronne. On fait connaissance en s'écoutant les uns les autres, sans jamais se voir. La liste de noms des talents à suivre s'allonge : Rohff, Kery James, Mokobé, Rim'K, Manu Key... Chaque nouveau morceau sonne comme la confirmation de ce que nous sommes en train de vivre : l'explosion d'une culture, si flamboyante, si française.

Le rap se mue en passion chronophage. Attention, là c'est du sérieux, on ne blague plus, ça prend le dessus sur tout le reste. Avec notre débrouille en bandoulière, on commence nous aussi à enregistrer nos premiers morceaux. Le cousin de Yannick est producteur. Un coup de fil et hop, il le laisse kicker dans son studio. J'ai à peine quinze ans, je suis le plus jeune de la bande et j'accorde ma vie sur le diapason de mes potes un peu plus âgés. Le week-end, on prend la voiture, le bus ou le RER, pour jouer aux quatre coins des Hauts-de-Seine et représenter nos quartiers. Les scènes s'enchaînent doucement. Toutes les semaines, on en rencontre d'autres comme nous, tous attirés les uns par les autres. Entre le basket et le rap, nous croisons la route d'un jeune au sourire goguenard constamment vissé au coin de la bouche, Leeroy. Bientôt, lui et Yannick frapperont dans un collectif nommé la Mafia Trece, regroupant des rappeurs de Paris 13 et des alentours. Leeroy fréquente Specta et un certain Sir Samuel, un autre gars de Bagneux. Dans le quartier, les rappeurs se flairent et se suivent. Notre bande croise la route d'autres aux noms bien sentis : la Malsaine C, Diatribe, Explicit Samouraï... Dans la lignée du Wu-Tang Clan, la tendance est aux collectifs rassemblant des groupes de rappeurs, des « posse » (possi), comme on dit. De notre côté, on a à cœur de représenter les Tertres, les Cuverons, les Bas-Coquarts et les autres cités de Bagneux. Alors Bouba, un grand de chez moi, crée notre collectif : « Instance Glauque ». Tout part d'un constat simple déjà profondément ancré dans nos têtes : on n'est pas tous traités de la même façon par l'appareil judiciaire. Si un représentant de l'État merde, il doit être jugé comme tout le monde ! On est jeunes et révoltés. On se réapproprie le mot « instance » du tribunal pour le plonger dans les bas-fonds, la rue, le glauque et rééquilibrer la balance. Un détail en passant : au sein d'un groupe du collectif la Mafia Trece, sévit un futur ténor du barreau, maître Money...

Le rap fait tourner la tête de tout le monde. Quand je marche dans les rues de Bagneux, quartier des Cuverons, il m'arrive de croiser une vieille connaissance. Je lui demande comment ça va, et il commence à improviser un rap reprenant mes mots « Comment ça va... ». Toujours la même chose. Je le croise. « T'as entendu l'histoire du mec...
– Laisse-moi te raconter l'histoire du mec... » Et les rimes suivent toutes seules.

Un autre talent sévit dans nos rues : Irénée. Sans doute l'une des plumes les plus sensibles et percutantes du moment. Un genre de génie incompris en avance sur son temps. Son nom de scène c'est FADA. Je découvre la signification de son blaze, lors d'un de ses freestyles dans lequel il commence ainsi :

« J'suis une de ces Force Active D'Afrique en France qui offense par son existence... » Bref, le mec n'est pas là pour beurrer les sandwichs. Quand il n'écrit pas pour lui, il rédige des textes avec une jeune rappeuse de son lycée. Un jour, il nous la présente en marge d'une scène aux Cuverons. Elle arrive avec ses longs cheveux bruns attachés en arrière. Son prénom, c'est Mélanie, mais elle se fait appeler Diam's. Elle vient de l'Essonne, a déjà roulé sa bosse sur des scènes de Massy, Orsay, Morsang. À peine quinze ans et elle écrit, rappe, sait tout faire... Elle nous impressionne, nous intimide et nous complexe, même. Les autres trouvent qu'elle a des airs de garçon manqué, mais pas moi, je la trouve très féminine à sa manière. On l'embarque dans notre équipée sauvage. Elle rejoint Instance Glauque. Un peu plus tard, elle intégrera la Mafia Trece. Lors d'une fête de quartier, je partage une scène avec elle. Je la trouve hyperforte, au-dessus du lot. On fait connaissance, on sympathise, on devient potes, on est jeunes, alors tout va très vite, rien n'est compliqué, les amitiés se font et se défont très vite.

Entre Leeroy et Specta se produit une certaine alchimie. Déjà, les textes de Yannick deviennent chaque jour plus intelligents et techniques. Il écrit, écrit, écrit. Puis, il assemble ses meilleurs bouts de texte, emprunte des morceaux de structure ailleurs, et bricole ses phrases, comme un orfèvre habile, virtuose et efficace. De son côté, Leeroy semble habité par un feu sacré. Avec une agilité déconcertante, il oscille entre rap, zouk, ragga. Surtout, il se sert de sa bouche comme d'un orchestre, et nous initie à l'exercice du beatboxing.

Lors d'un concert à Montrouge se produit un nouveau choc entre titans. Après son passage, Leeroy laisse la scène à un homme se faisant appeler Sly the Mic Buddah. Il nous met à tous une claque bizarre, faite de beatbox, de textes ciselés et d'une énergie furieuse. Il multiplie les voix différentes comme s'il était habité par plusieurs personnes à la fois, accélère, ralentit, reprend de plus belle. Bam. Bam. Bam. On ne comprend pas ce qui se passe. Le mec est un monstre. À la fin du concert, on va le voir comme des enfants admiratifs. Les connexions se font et les amitiés se nouent dans l'évidence la plus totale. Ainsi notre meute s'agrandit-elle, frénétique et fiévreuse...

Partout où nous allons, nous portons notre rap en étendard. Quand nous prenons le bus, l'un de nous se lance dans du beatboxing et ça part en freestyle. Impossible de s'ennuyer avec Leeroy. Il ne recule devant rien. La preuve, un jour, lors d'un trajet en bus qui nous emmène dans les locaux de Générations 88.2, il se met à beatboxer et Samuel entonne une chanson en créole : « Angela, mwen ké fann' tchou aw, pendan papa'w pa la, Angela... » Oui, pour moi, cette chanson est née à l'arrière d'un bus, sous les applaudissements de quelques passagers médusés. Et pour ceux qui n'auraient pas encore compris : bientôt, Leeroy, Samuel, Specta, Sly et d'autres créeront un groupe mythique, au nom inspiré des super saïan de la série *Dragon Ball Z* : le Saïan Supa Crew.

Il était une fois... Voilà le titre de la première mix-tape que nous enregistrons de notre côté avec Jimmy, Yannick, Diam's et quelques autres rappeurs, sous le nom d'Instance Glauque. Sur la pochette, un policier se retrouve jugé dans un tribunal peuplé d'une assemblée de rappeurs prêts à rendre justice devant les symboles de la République... Fier du travail accompli, le boss du collectif, Bouba, un proche de Doudou Masta, envoie la cassette au magazine *RADIKAL*, la référence Hip-Hop de la presse française. Perso, je n'y crois pas vraiment. Stupeur quand nous découvrons, à la sortie du numéro, notre musique chroniquée, adoubée, validée par les connaisseurs. Alors, oui, c'est bien possible. On remet ça, sur une deuxième mix-tape nommée *La Revanche*. De nouveau, nous avons droit à un texte synonyme de validation dans les pages de *RADIKAL*. Encore une fois, Internet n'existe pas. Et si vous ne comprenez pas l'extase qu'un jeune adepte peut ressentir en découvrant sa musique affichée aux côtés de stars, des Fugees à The Roots, en passant par Assassin et NTM, alors je ne peux rien pour vous. « La rédactrice en chef est lourde ! » répète Bouba. Mais qui est cette marraine qui nous veut tant de bien et nous fait exister en dehors de nos quartiers ? D'elle, nous ne savons rien. Pour seule information, un simple pseudo qu'elle signe comme une bénédiction : Valou. Bientôt, nos chemins se croiseront pour ne plus jamais se séparer. Mais j'y reviendrai plus tard...

Pour l'heure, nous jouissons de notre adolescence avec innocence, sans trop nous poser de questions. Les destins des uns et des autres se dessinent. Les talents en emmèneront certains plus loin que d'autres. De mon côté, j'aime les observer, les voir briller, mais je sens que j'ai plutôt le tempérament d'un homme de l'ombre. Bien sûr, le rap ne nous sauvera pas tous, mais cela n'a aucune importance. Il nous offre un luxe supérieur à toute considération matérielle : celui de ne plus subir ce qui nous arrive, notre milieu, nos infortunes et nos futurs déterminés pour nous à l'avance. En mettant nos mots sur nos expériences, les lieux où nous vivons, la réalité qui est la nôtre, nous ne sommes plus victimes. Nous nous réapproprions nos existences, reprenons nos destins en main. Confiance, assurance, fierté... Pour la première fois de nos vies respectives, nous apprenons à nous aimer nous-mêmes.

9

Toutes choses égales par ailleurs, les calculs de ma mère étaient justes : « Si tu passais autant de temps sur tes devoirs que sur ta musique, me répétait-elle sans cesse à l'époque, tu t'en sortirais mieux à l'école. » Oui, c'est vrai, j'aurais pu faire mieux. Si j'avais mis mes milliers d'heures de rap dans les livres, les cahiers et les révisions, j'aurais sans doute eu de meilleures notes, un meilleur bulletin et de plus belles chances de faire des études. CQFD. Mais ce calcul me paraît un peu simpliste et dangereux. Il culpabilise des jeunes gens qui ne s'en sortent pas dans le système scolaire et fait l'impasse sur tout ce qui structure la vie d'un ado de seize ans, à Bagneux, au milieu des années 1990. Car ce ne sont pas tant les cours, les salles de classe et l'apprentissage que nous fuyons, mais bien la honte, l'échec, les profs résignés, et ce sentiment implacable que les dés sont pipés, que tout serait joué d'avance.

La vie s'écoule donc, rythmée par la musique, le sport, les sorties, les bêtises et les conneries qui font le lot de l'adolescence. On fait le mur, par rébellion facile – personne ne nous court vraiment après – et pour grappiller des précieuses minutes de jeunesse. Entre le terrain de basket, le rap et la MJC, il y a une espèce de triangle des Bermudes qui nous permet d'échapper à la lourdeur de notre condition. Dans les rues, on se cherche, on se chambre, et la vanne devient notre seconde langue. On écoule de longs après-midi à jouer au basket sur un terrain qu'on appelle le « terrain vert ». Physiquement, je m'allonge, deviens un peu plus balèze. Au choix, je tire de l'extérieur ou fais le ménage à l'intérieur. Un plus jeune, Kalidou, joue meneur. Déconcertant, il fait des double pas bizarres, pas du tout académiques, enchaîne des mouvements qui n'ont aucun sens, selon moi. Chaque fois, il prend la faute, et marque le panier. Insupportable. Comme par hasard, il est devenu joueur de poker professionnel et a remporté de nombreux prix. De son côté, Leeroy se ramène avec ses potes Jean-Louis et Kader. Il arrive qu'une blague aille trop loin, alors les nerfs lâchent et la partie peut partir en vrille. Légère embrouille de basket. Un jour, Leeroy prend un coup de poing. « C'est ça tes patates ? lance-t-il à son adversaire, prêt à en découdre. Pour moi c'est des fraises, j'en mange tous les jours au petit déjeuner ! » Silence gêné, on les sépare. Encore aujourd'hui, je le vanne sur cette repartie foireuse. Voilà le genre de moments simples et inconséquents qui ont aussi fait notre quotidien.

Parfois, un surveillant de l'école se greffe à notre bande le temps d'un match. Coup de bol, il a les clefs du gymnase attenant. Il nous fait entrer, baisse les paniers, et on passe la journée à se prendre en photo en train de dunker. On est au milieu des années 1990, le basket américain est en pleine expansion, et toutes ses superstars Magic Johnson, Michael Jordan, Dikembe Mutombo sont nos modèles. Ils ne se laissent pas faire, ils ont du style, ils ont un talent de dingue. De mon côté, je me prends pour Charles Barkley, joue des coudes et maîtrise l'art du trashtalk, consistant à vanner l'adversaire jusqu'à son implosion, mais j'admire aussi le côté sarcastique et soyeux d'un Larry Bird. Au final, je m'inscris au club de Bagneux, COMB.

En dehors du basket, je poursuis les arts martiaux. Du judo, je passe au taekwondo. Le professeur s'appelle Jessy, hyper studieux, d'une rigueur extrême. De toute façon, c'est bien simple : t'es grand, tu payes ta cotisation pour le club, si tu n'es pas là pour être sérieux, autant aller voir ailleurs. Pareil, je m'applique et je progresse vite. Avec Jessy, on noue une relation autour du respect et de la persévérance. Je progresse vite. Je deviens une machine. Ça rend jaloux mes potes du quartier, parmi lesquels Moussa, un jeune battant. Vingt ans après, il a bien rattrapé son retard : quand je le vois remporter des totems d'immunité à Koh-Lanta et des ceintures de sanda, un art martial chinois, je ne peux m'empêcher de me dire que la machine, c'est lui. Mes respects.

Alors que je suis encore ceinture blanche, le plus petit niveau en la matière, il m'envoie dans le grand bain et m'inscrit au tournoi des Hauts-de-Seine. D'accord, on verra bien. La compétition a lieu à Bagneux. Pour l'occasion, tous mes potes se déplacent et font monter la fièvre. Imaginez le concept : un gymnase rempli d'ados vociférant sur leurs potes en train de se mettre des coups de pied retournés en pleine face sur des tatamis disposés au sol. J'enfile mon dobok, mon casque, mes protège-tibias. Pour mon premier combat, je tombe sur une armoire à glace, un mec énorme avec un cou de taureau. Mais je veux impressionner mes copains, et les filles du quartier qui sont venues voir le spectacle. Moi, je fais le beau. Je lâche des cris pour intimider la montagne en face de moi. Ce jour-là, je peux vous dire que Bruce Lee était noir. Je tape en bas, en haut, à la tête, retournés, déchaînés. Quand je finis par l'emporter aux points, le gymnase tremble sous les hurlements de mes potes. Énorme rush d'adrénaline, immense fierté.

Coup de tonnerre, un nouveau grondement envahit le gymnase. Sur un autre tapis, un peu plus loin, un certain Seydina Balde – futur quintuple champion du monde de karaté, au demeurant – enchaîne les coups de pied sautés et rétame ses opposants les uns après les autres. Impressionnant. Bonne pioche, c'est mon adversaire en quart de finale. Un ami fonce vers moi.

« Tu sais que c'est mon cousin que tu vas affronter ?

– Ah ouais, et il est chaud ?

– Je l'ai jamais vu combattre...

– OK.

– Par contre, chez lui, il y a beaucoup de coupes et de médailles... » Houla. Je suis encore débutant, je me mets une pression de malade. Dans mon ventre, je sens l'inquiétude monter, comme si je partais pour l'abattoir. Le combat arrive. On s'avance l'un vers l'autre, alertes, menaçants. Concentré, je m'efforce de cacher l'appréhension dans mon regard. Je suis un guerrier. À la vitesse de l'éclair, sa jambe se dresse. Vlan, je prends son pied en pleine tête. Wow. Ça tourne, tout passe au ralenti. J'entends les bruits aux alentours, isolés les uns des autres. Les cris. L'effroi de mes potes. La joie de ses potes. Les conseils de mon coach. Recule. Protège. Mon esprit s'en remet à lui. On passe en mode survie. Dans ce début de K-O, mes yeux et mes oreilles sont ceux de mon entraîneur. Je marche au radar. Lui souffre avec moi. Les coups pleuvent. Paf ! Bang ! Paw ! Reste droit. Tiens bon. Reste debout, Michel. Encore, encore, encore un peu... Terminé, ça y est, on souffle... Déboussolé, je retrouve Jessy, et nous partageons ensemble ce silence lourd et complice, propre aux relations entre un maître et son apprenti. Je comprends pourquoi les boxeurs tombent dans les bras de leur coach et pourquoi leurs larmes se mêlent à la sueur dans ces moments de fusion entre deux corps et deux esprits. Certes, je perds le combat aux points, mais avec les honneurs. Pour nous, il n'y a pas de défaite. En moi, j'ai gardé cette résilience tenace, ce désir de transmission et cette confiance aveugle appris sur les tatamis.

Côté sorties, nous ne sommes pas en reste. Le samedi, il m'arrive d'enfiler mon plus bel ensemble Lacoste pour prendre le RER, direction Paris. On traîne sur les Champs ou bien du côté de Châtelet. Avec Jimmy, Leeroy et Yannick, nous allons sur une péniche : le Solférino. Les dimanches après-midi, ils organisent des fêtes pour les mineurs, où on passe du Hip-Hop, du R&B, des morceaux populaires fleurant bon les années 1990. C'est ici que Leeroy rencontre un futur compagnon de route du Saïan Supa Crew : Féfé. On s'amuse, on danse, on drague, et, sans vouloir me vanter, je connais un certain succès avec les filles. Peu de gens le savent, cela est dû à ma discrétion.

On n'a pas tous les mêmes bourses, mais un été, notre bande part en Espagne. Ne me demandez pas comment, ni pourquoi. Une seule certitude, l'idée venait d'un autre pote, l'homme des bons plans. Un billet de train pas cher, un hébergement pas cher, et comme de nombreux banlieusards, on se retrouve à Calella pour deux semaines. Plage, foot, volley, *farniente*. Le soir, on sort en boîte. Dans cet univers de touristes où personne n'a jamais entendu parler de breakdance, on sait tirer notre épingle du jeu. Attention, nous ne sommes pas de grands danseurs, nous avons des petites bases. Bon, d'accord, nous sommes de piètres danseurs. Mais on marche au bluff, nous multiplions les mauvais pas de danse de fin de soirée avec l'assurance d'un chorégraphe de Madonna. Bref, on enflamme le dancefloor, ça marche et ça met des étoiles dans les yeux des Allemandes, Hollandaises et des Anglaises. Bon délire...

Mais peu importe l'endroit, la vraie fête a lieu là où nous sommes. Parfois, elle a lieu dans le quartier, ou dans le grand appartement de notre pote Jean, dans une résidence privée de Fontenay-aux-Roses, à dix minutes en bus de Bagneux. Petite précision : ses parents sont racistes, vraiment racistes. Il nous le dit, et ça devient une blague entre nous. Un soir, on passe la soirée chez lui pendant que son père est aux Antilles pour le boulot. Dring. Le téléphone sonne. Silence, plus un bruit. Là, Jean met le haut-parleur :

« Bonjour papa, ça va ?

– Oui ça va, il fait beau, mais bon, les Noirs, mon fils, ils savent pas bosser ! »

Derrière, on explose de rire. Jean raccroche. « Mais quel con, franchement... » Et on rit de plus belle. Parce qu'on se moque de tout. Parce qu'on est noirs, blancs, arabes, jaunes, et que ces histoires de race ne font pas partie de notre monde. À vrai dire, le sujet est si éloigné de notre manière de concevoir les relations qu'on le relègue à un monde rance et désuet, ne méritant même pas qu'on lui accorde une seconde de notre attention.

Et puis, nous avons mieux à faire. Comme nous infiltrer dans la voiture du père de Jean, soulever le capot pour arrêter le compteur kilométrique – évidemment, le papa prenait le kilométrage en photo avant de partir – et s'en aller faire la bringue... Un soir, on ramène des filles, on termine la fête dans une ambiance sage, calme et décontractée. Dring. Téléphone. Surprise, le papa rentre plus tôt que prévu. Grand chambardement.

Vite, vite, vite, on range l'appartement. Pendant que le paternel monte les escaliers, nous sautons par la fenêtre du premier étage. Ouf, on s'en sort sans être repérés mais avec un seul regret, une scène fictive qu'on ressasse sur le trajet du retour : imaginez un peu sa tête s'il avait découvert notre bande à la maison...

Pour l'heure, rien n'est sérieux. Niveau thunes, on galère tous, certains plus que d'autres, mais on ne se le dit pas entre nous. On s'accroche à tout ce qu'on trouve pour garder la tête hors de l'eau et ne pas se noyer dans la réalité qui est la nôtre. Peu à peu, je délaisse l'école. C'est le début de ma descente aux enfers. Comme le dit Kery James : « Si c'était à refaire, assurément, j'ferais autrement... »

10

Autant le confesser, j'aurais préféré ne jamais avoir à raconter ce qui suit. L'écrire m'est douloureux : oui, j'ai fait des conneries qui m'ont valu de passer sept ans de ma vie en prison. Personnellement, cela m'a détruit. Aussi, j'ai longtemps bouclé ces années à double tour dans un coin de ma tête, tout fait pour les oublier et les dissimuler aux autres. J'ai ramé tout le reste de ma vie pour m'éloigner de cette période de perdition. Cela a mis du temps. Je pensais avoir tourné la page. Mais il paraît qu'on est toujours rattrapé par son passé...

Après mon affaire, le mien est revenu me hanter à nouveau, sans que je puisse rien y faire. On l'agite comme un épouvantail, on le brandit pour me discréditer et sauver mes bourreaux, comme si leurs erreurs allaient se dissoudre dans les miennes, et soudain pardonner l'impardonnable.

Vieille méthode, revisitée maintes et maintes fois, dans bien d'autres affaires que la mienne, d'Adama Traoré à George Floyd, en passant par Théo Luhaka ou Serge Partouche, pour n'en citer que quelques-uns. Quelle que soit la clarté des faits, on remue la boue. L'eau se trouble jusqu'à ne plus pouvoir distinguer les amas boueux des objets qui en sont couverts. À l'observateur distrait, il en résultera une impression confuse, et peu importe le vrai, le faux, la rédemption, le droit, la justice… la boue reste, tenace et indélébile. Plane alors l'ombre d'une suspicion. Après tout, il n'est pas si innocent… Et puis, au fond, peut-être l'avait-il bien cherché ? Plantez la graine du doute et c'est parfois largement suffisant pour discréditer un homme, le mettre à terre, et s'en débarrasser.

Je ne tire aucune fierté de cette période de ma vie, zéro gloire, rien. Dans mon milieu musical, il aurait pourtant été facile, toutes ces années, de me la raconter en inventant un souffle romanesque à ces années de placard. Et pourtant, en dehors des très proches, personne ne savait autour de moi. Stupeur parmi mes collaborateurs auxquels il a fallu que j'explique que tout ça remontait à plus de vingt ans, à un âge où je ne pouvais même pas encore passer le permis de conduire. Le lendemain de mon agression, mes antécédents de jeunesse trônaient pourtant dans toutes les rédactions parisiennes. Violation de ma vie privée, quelle importance ? On m'a vite expliqué que c'était un grand classique du genre.

Il faut reconnaître que la presse française a refusé dans sa grande majorité d'abonder dans cet exercice de déballage intentionnel. Quelques policiers se sont également publiquement exprimés pour dénoncer le procédé. Il faut espérer que l'on fera peu à peu ce choix de société pour éviter au fond que l'on se retrouve à blâmer indirectement les victimes de violences pour ce qui leur est arrivé. Et puisque ce passé carcéral ne m'appartient plus complètement, je vais vous le décrire dans les quelques lignes qui suivent.

11

Dix-sept ans, drôle d'âge pour mentir à tout le monde. Inscrit en sport-étude du côté de Saint-Michel, à Paris, je déserte les salles de classe. Je vais en cours, sans vraiment y aller. Il est vaguement question que j'intègre un établissement qui me permettra de faire du basket à un petit niveau, mais je ne prends pas l'affaire au sérieux, laisse vite tomber. D'ailleurs, durant une courte période, ma mère pense que je me rends encore au lycée tous les jours. Quand elle rentre d'une nuit de garde et me trouve étalé dans mon lit à 9 heures du matin, elle me secoue.

« T'es pas à l'école ?

– Je commence à 10 heures...

– Ah d'accord, excuse-moi. »

Et elle s'en va elle-même se coucher, dépassée, stressée par beaucoup de choses, trop de trucs à gérer en même temps. Le plus souvent, je me lève de moi-même, m'habille, prends mon sac, mime la routine d'un lycéen normal, et pars vers 8 heures, comme si j'avais histoire, anglais, biologie ou je ne sais quoi. Mais plutôt que d'aller en cours, je vais chez mon pote Franck qui habite juste derrière. Quand il me voit derrière la porte, il est en pyjama et me laisse entrer pour finir ma nuit.

À l'époque, j'ai bien essayé de trouver du travail. Si, vraiment. Je me rappelle avoir vécu ces journées comme une mauvaise pièce de théâtre qui se répète en boucle. J'ai d'abord appelé une agence d'intérim en disant que je m'appelais Michel, et ils m'ont invité à passer à l'agence. Un matin, je me réveille tôt, j'enfile un pull qui fait un peu sérieux, prends le bus jusqu'à leurs bureaux dans le Val-de-Marne. Un pote m'avait expliqué comment ça se passait. Intimidé, je regarde autour de moi. Beaucoup de monde, des plus jeunes et des plus vieux. Certains ont l'attitude des habitués, ils ont l'air chez eux, partagent la même langue, la même attitude. Je prends mon mal en patience. Quoi qu'il se passe, tout le monde a un peu l'air dégoûté. Les heures passent. Une voix impersonnelle appelle les uns et les autres. Certains reviennent s'asseoir. Petit à petit, la salle se vide. En fin de matinée, nous ne sommes plus que deux ou trois, et ça traîne, ça traîne... Découragé, je finis par me lever et je me barre.

Mauvaise pioche, je me dis, je vais quand même pas lâcher l'affaire. Alors, le lendemain, je me lève encore plus tôt, je prends le bus précédent, j'arrive le premier. Mais non, ça ne marche toujours pas. Je suis timide, je sais pas quoi dire, quoi faire, comment prouver ma motivation, ou au moins la feindre. Allez, je continue.

Une fois, deux fois, trois fois, quatre, cinq... Toujours la même histoire, avec le même dénouement. Du monde, moins de monde, la honte, je me casse. Je suis jeune et finalement assez gauche, j'essaye de travailler et j'y arrive pas. Tant pis pour eux, tant pis pour moi... Alors que faire ?

Oui, j'aurais bien pu dealer. Après tout, des potes le font un peu. Attention, c'est pas des délinquants, juste des gars qui sont en galère de thunes et à qui on propose un ou deux plans, trois fois rien, juste pour pouvoir survivre. Mais c'est pas dans mon ADN. Disons que je ne sais pas faire, je ne suis pas fait pour ça, c'est comme ça. Quoi d'autre ? Dans le quartier, un mec traîne une sale réputation. Lui, il vaut mieux ne pas l'approcher, alerte-t-on à l'envi, et encore moins le fréquenter. C'est comme s'il se baladait dans les rues de Bagneux avec un panneau au-dessus de la tête : « Attention, radioactif ». Pour moi, il est plutôt gentil, plutôt cool. Je le retrouve parfois, on discute, de tout et de rien. Il est drôle. Il me chambre sur le rap, l'air de dire que ce n'est pas très sérieux, cette affaire. Appelons-le « Mon Pote ». Du bout des lèvres et du fond de mon désespoir, je pose à Mon Pote la question qui va précipiter ma perte : qu'est-ce que tu proposes ?

Un bon plan, un super plan même, du tout cuit. C'est-à-dire ? Il fait les Clio, un jeu d'enfant. Il connaît une manipe pour ouvrir leurs portières en deux temps trois mouvements. Après quoi, il sait à qui les revendre, à un bon prix. « Mouais... je ne sais pas trop. – T'inquiète, avec les assurances, tout le monde est gagnant dans l'histoire », insiste-t-il. Du refus, je glisse vers l'indécision, puis je finis par me laisser séduire. Il me motive et je me laisse engrainer. Je n'ai pas l'impression de me lancer dans quelque chose de grave. Tout se passe sur un coup de tête. Peut-être qu'un autre jour j'aurais refusé. Mais ce jour-là, je me suis dit : après tout, pourquoi pas ?

Un soir, je le suis sur un parking, pas loin de Bagneux. La voiture est là, offerte sur un plateau. Pendant que je monte la garde, il fait sa petite affaire, ouvre l'espace entre la vitre et la porte, passe sa main. Tac. Une fois à l'intérieur, il fait les fils pour mettre le contact, et c'est réglé. Tout a l'air simple, même si je suis incapable de faire cela. On s'en va avec la Clio. Pour le vol, je touche quelques centaines de francs. C'est tout. Fin de l'histoire. Ç'aurait pu s'arrêter là. Mais après ce premier coup, Mon Pote revient à la charge. « J'ai repéré un truc, me répète-t-il, on y va demain ! » Du calme, rien de grave, tout va bien se passer. Je ne me pose pas de questions. Dans l'histoire, je me rassure en me disant que je suis simplement un suiveur, je l'accompagne. Je fais des trucs, je ne sais pas où je vais, où ça va m'emmener, mais je fais, bêtement.

Alors, pardon à ceux qui pensaient ouvrir un polar, mais je ne vais pas jouer les gangsters... Les détails ne m'ont pas marqué plus que cela. Je sais que, dans les films de braquage, on passe souvent par trois phases : l'ascension, la chute et la rédemption. Mais non, ce n'est pas comme cela que j'ai vécu les choses. Aucune joie, aucune extase, pas d'euphorie. Encéphalogramme plat, de bout en bout, avec en prime la culpabilité de passer du mauvais côté, la peur d'être démasqué par mes proches, la honte multipliée par dix.

À ce stade, j'ai besoin d'argent. Vraiment pas beaucoup, je n'ai aucun attachement particulier à l'oseille, je ne suis pas matérialiste, pas du tout, mais je voudrais juste de quoi pouvoir assumer les sorties entre potes, et ne pas avoir à quémander au moment de passer à la caisse. La veste Schott, la Mobylette, la belle voiture, ça ne m'intéresse pas. Avec mes potes, on ne parle pas d'argent, chacun ses problèmes. Je deviens maître dans l'art de cacher les miens aux autres. Tout ce que je veux, c'est ne pas être en galère, pouvoir dépanner un pote, faire des courses pour aider ma mère. Niveau thunes, ils sont persuadés que ça roule pour moi, et moi, je suis persuadé que ça roule pour eux. On s'entraide comme on peut. Par exemple, grâce à un plan, je récupère des tickets de métro vierges et le tampon pour faire des pass mensuels. Alors je tamponne, je tamponne, je tamponne. Certes, j'en ai vendu un paquet, des pass mensuels, mais j'en ai aussi donné beaucoup...

Un jour, Mon Pote évoque un bureau de tabac qui soi-disant débite à mort. Cette fois, une petite préparation est requise. Derrière le tabac, un grillage donne sur la voie ferrée. Il s'agit de prendre une pince et d'aller tailler une petite porte, discrète, quasi invisible, dans la grille. Notre sortie tracée, on laisse passer une nuit, peut-être deux, et on rentre dans le tabac. Problème : dans la caisse, on trouve quelques milliers de francs. Une paille, compte tenu des risques engagés. Merde... Là, on trouve des cartons fermés, fraîchement arrivés. À l'intérieur, des centaines et des centaines de tickets à gratter. Au loin, un bruit de sirène. La police arrive. Allez, on embarque et on déguerpit en passant par notre cachette secrète. On descend sur la voie ferrée, on traverse, on arrive de l'autre côté. Jamais vus, jamais pris, jamais rattrapés...

Une fois en sécurité, on ouvre les cartons. Des Millionnaire, des Banco, des Solitaire par tranches épaisses. Alors on se partage ce butin bizarre. Je rentre avec mon carton. Y en a tellement, trop, impossible de tout gratter immédiatement, alors je me fais des sessions. Une fois par jour, je m'assieds et je gratte, je gratte, je gratte. De temps en temps, je tombe sur un ticket gagnant, 500 francs, 200 francs. Mais question rendement, j'ai connu mieux que la Française des jeux.

Petites surfaces, stations-service... Nous formons une sorte d'équipe et agissons à tour de rôle. Toujours pareil. L'un de nous conduit le véhicule et surveille, les autres s'occupent du larcin. Par connexions, notre équipe se lie à d'autres, qui montent parfois avec nous. Entre un tabac et une boutique, il y a les banques. L'un de nous fait du repérage, vérifie s'il y a du passage, un commissariat aux alentours, quelle direction prendre, quelle route éviter... D'une opé à l'autre, on essaie de bouger. On se pose des questions simples, mais qui demandent un peu de préparation. Pour le reste, pareil. Un gars passe de l'autre côté du comptoir et prend l'argent des caisses. Un autre attend dans la voiture. Un autre encore surveille ce qui se passe à l'intérieur. Un dernier menace un employé pour qu'il l'emmène au coffre blindé du sous-sol. Parfois, un rideau de sécurité tombe et on est obligés de filer en urgence. C'est là que c'est tendu : tu sais jamais quand les flics vont arriver, comment tu réagiras quand ils seront là. Ça peut vite mal tourner pour tout le monde. C'est stressant, j'ai pas envie de faire ça, vraiment pas, mais c'est comme ça. Un jour, on vole un scooter après avoir dégagé le mec au volant. Je croise son regard, j'aime pas ça. « T'es relou, me lance Mon Pote, si t'as des remords, t'es mort. » Je sais que je ne suis pas fait pour ça, mais je ne sais plus qui je suis, où j'en suis, pourquoi je fais ça. Sans vouloir me faire plus tendre que je le suis, j'aurais pas pu être un vrai gangster, j'avais trop d'états d'âme qui me parasitaient le cerveau.

Puisque personne ne nous arrête, on continue, et parce qu'on se prépare un peu, la presse parle de nous comme des professionnels. On est juste logiques, et soudain on passe de braqueurs amateurs à bandits de grands chemins ! Parmi nous, certains commencent à se sentir invincibles, invulnérables. Ça commence à parler de monter sur des Brinks, de passer à des opérations plus tendues. Là, on arrive à un carrefour. Je me pose pas mal de questions. Est-ce en train de devenir mon métier ? Alors, c'est à cela que va ressembler ma vie ? Personnellement, je sens que l'étau se resserre. Calcul simple : c'est comme si vous pariiez toujours sur le même chiffre à la roulette. Jusqu'ici, on a eu de la chance, mais pas besoin d'être un génie pour savoir que la suite est toute tracée. À force de jouer, on va perdre. Sans le dire aux autres, je sens qu'il est temps que ça s'arrête, avant qu'on aille trop loin.

Ainsi avance ma double vie. Je mens à tout le monde, j'apprends à dire aux autres ce qu'ils veulent entendre, je sais ce qui nous attend, mais je ne m'arrête pas, comme si je courais à ma perte. Évidemment, ma mère ne se doute de rien. Mes potes les plus proches ne sont pas au courant. Je mène ma petite embarcation de fortune perdu dans ce grand océan, sans savoir où regarder et dans quelle direction aller. Pendant cette période, je n'ai qu'un seul son de cloche : le mien.

Côté rap, mon radeau part à la dérive. Ce n'est pas que ça ne m'intéresse plus, loin de là, mais je sens que je ne suis pas fait pour baigner dans la lumière. Et puis, Instance Glauque, c'est bien sympa, mais bon, c'est le quartier, et à ce moment-là je ne prends pas la musique au sérieux. Certains voient plus grand. De la Mafia Trece au Saïan Supa Crew, Yannick, Leeroy, Sly et Samuel commencent à faire parler d'eux. De plus en plus, on entend la jeune Diam's. Quand elle débarque quelque part, elle ne passe pas inaperçue. À l'époque, elle a quitté la Mafia Trece, tente de faire sa place en solo. C'est dur, elle a sans doute besoin de quelqu'un sur qui compter. Avec nos premiers téléphones portables à touches, on tape sur nos claviers comme des malades, on passe notre temps à s'envoyer des textos. Elle et moi, on se rapproche encore, on entame une grande histoire d'amitié. Elle parle de me mettre sur des plans, sur des mix-tapes, des morceaux, c'est cool. On s'accroche l'un à l'autre, elle pour continuer à gravir sa montagne, et moi pour éviter de sombrer complètement. Un jour, elle a un rendez-vous important, et me demande mon avis.

« Tu sais, je vais faire la couverture d'un magazine, tu veux pas m'accompagner ?

– Bien sûr, j'arrive... »

Ce jour-là, on se rend dans les locaux du groupe audiovisuel AB Productions, là où ont lieu les tournages de *Hélène et les garçons*. Diam's a rendez-vous avec un producteur et l'équipe du magazine *RADIKAL*. Soudain, elle écarquille les yeux. « Michel, lance-t-elle, il faut que je te présente la rédactrice en chef, c'est un truc de ouf, t'es archi pas prêt ! » Là-dessus arrive une femme blonde au regard étincelant. Elle se présente. Elle s'appelle Anne-Valérie Atlan, mais on peut l'appeler Valou. Valou ? Face à moi, je rencontre celle qui nous avait donné sa bénédiction en chroniquant notre mix-tape d'Instance Glauque dans le magazine. Derrière cette marraine se cache une star en sa paroisse. Ice Cube, Beyoncé, Puff Daddy ou Jay-Z ont déjà croisé sa route. Depuis 1988, cette grande prêtresse charbonne dans les coulisses du rap français, accompagnant l'émergence de la culture Hip-Hop, et multipliant les coups de génie. D'ailleurs, sa dernière fulgurance a de quoi nous dérouter. Voilà l'idée : en couverture du magazine, Diam's, habillée en reine, rugissant, front contre front avec Monsieur R, en roi, un rappeur franco-belge qui vient de connaître un succès d'estime avec une compilation contre l'extrême droite intitulée *Sachons dire non*. Surtout, Anne-Valérie veut faire porter une couronne à Diam's et l'adouber comme future reine du rap français. Un rappel : nous sommes en 1998, l'album *Brut de femme* est encore loin, le grand public ne danse pas encore sur le tube « DJ » et les rappeuses sont rares en France. Choix audacieux et percutant, donc. Alors, Diam's ne sait pas trop. Est-ce que c'est bien elle ? Et puis ça fait un peu prétentieux non ? « Fais-moi confiance, la rassure Anne-Valérie, avec une bienveillance infinie, c'est un symbole fort. » Diam's se tourne vers moi. De mon côté, j'hésite à peine. « Franchement, c'est lourd, je lui réponds, fais-le. » Ainsi fut prise la photo de cette couverture devenue culte.

De mon côté, je ne lui confie rien de ma double vie. Par honte, parce que je sais que ce que je fais est indéfendable, et parce que le meilleur moyen de mettre une personne dans la merde, c'est de la mettre dans la confidence d'une connerie.

Un jour, alors que je traîne du côté de la gare de Bourg-la-Reine, je rencontre une fille, Solène, une belle brune aux grands yeux verts (par respect pour ses proches, le prénom a été changé). Je l'aborde, je la tchatche, je la séduis. Elle sourit. On échange nos numéros, on se revoit. Avant, j'avais bien connu des petites amourettes, mais là je sens que c'est différent. Un genre de coup de foudre. Immédiatement, on se kiffe l'un l'autre. Entre nous, tout est rapide. Elle habite à L'Haÿ-les-Roses. À cette même période, je suis fâché avec ma mère, pour une connerie, je ne sais même plus laquelle tant elle devait être futile. Quelque part, ça tombe bien, ça me donne une opportunité de quitter la maison. Ma hantise, c'était que les flics finissent par débarquer chez ma mère. Heureusement, ça n'est jamais arrivé.

Avec Solène, notre histoire devient sérieuse. Je passe ma vie chez elle. On s'imagine ensemble pour longtemps, on fait des plans, pas forcément sur la comète. Solène fait des études d'esthéticienne. Pour elle, c'est important, alors je la motive, j'essaye de lui donner des conseils, à ma manière un peu maladroite et confuse. « Essaye de voir ce que tu peux faire, je lui dis, et moi, peut-être que je pourrai t'aider à ouvrir ton institut, on pourra se renseigner. » Au cœur de notre complicité, je lui raconte ce que je fais, pour me soulager d'un poids.

Pendant ce temps, la police judiciaire remonte le fil. Un après-midi, ils viennent m'arrêter. Scénario sans surprise. C'est presque un soulagement. La prochaine étape était de monter sur des Brinks. Une part de moi se dit : il était temps. J'ai joué, j'ai perdu... Je pars en détention, je ne sais encore pour combien de temps. Dans ma chute, j'embarque la fille que j'aime. Ma jeunesse s'arrête net, j'ai tout juste dix-huit ans.

12

Sept ans derrière les barreaux et mes plus belles années parties en fumée. Je suis rentré gamin et je suis ressorti adulte. Entre les deux, un long tunnel où le temps s'étire à l'infini, et l'esprit lutte pour garder le cap de la raison. Tensions, colère, repli sur soi... Imaginez un peu, toutes les découvertes, toutes les expériences, toutes les rencontres propres à ces années de jeunesse, dont j'ai été privé par mes propres conneries, alors vous comprendrez pourquoi j'ai tout fait pour laisser cette période derrière, loin derrière moi. J'ai vécu toute une vie, à l'intérieur d'une autre. Je n'ai pas pu grandir, c'est aussi simple que ça.

Mes souvenirs de la prison se mélangent. Franchement, je serais incapable de distinguer les années les unes des autres. Des choses me reviennent, certes, mais, pour être honnête, tout se confond. La prison m'apparaît comme un magma morne et grisâtre avançant lentement et emportant ma jeunesse sur son passage. Quand j'arrive derrière les barreaux, je n'ai aucune conscience de ce que je perds. D'ailleurs, je ne sais même pas combien de temps je resterai, un an, trois ans, cinq, aucune idée... Ma seule certitude : ça va être long, très long, et il va falloir prendre mon mal en patience. Pour l'heure, je suis maintenu en détention provisoire. La date du procès n'est pas encore fixée. Ça aussi, ça va mettre du temps, beaucoup plus que ce que j'imagine.

Je ne reste pas longtemps dans mon premier établissement : trois jours. Juste le temps de me trouver une destination plus définitive. De là, on m'envoie dans une cellule étroite et crasseuse, plus en périphérie de l'Île-de-France. Là, je comprends qu'il va falloir se serrer un peu, avec un autre détenu. En plein désarroi, je pense à ma mère qui a dû être dévastée en apprenant la nouvelle, à mon petit frère à qui je donne le pire exemple, à Solène, je ne sais pas quand je la reverrai.

Lors de ma première promenade, je vois une foule de prisonniers qui marchent en rond, comme si c'était normal. De mon côté, j'appréhende, je prends mes marques avec inquiétude, je ne connais de la prison que celle des films américains. J'observe les groupes, les individus esseulés, les interactions entre les uns et les autres, tout ce qui peut m'aider à comprendre quelle personne je dois être pour éviter les ennuis. Je découvre un monde parallèle, avec ses lois et ses règles de conduite, indifférentes à celles qui régissent le monde extérieur. Une autre dimension, assez fruste, devenue la normalité pour certains. Au début, je ne veux parler à personne, alors on m'appelle l'asocial.

Autour de moi, des voleurs, des dealers, des meurtriers. Avant de basculer dans les crimes et délits, certains étaient médecins, comptables, boulangers... Il y a de tout. On m'indique avec qui il faut traîner, avec qui il vaut mieux ne pas être vu. Pendant un moment, je joue tous les jours aux échecs avec un mec élancé, vraiment beau gosse. Alors des gens m'avertissent : mauvaise pioche, s'il est là, c'est parce qu'il attendait des gamines à la sortie du lycée pour les faire monter dans sa voiture et les violer. Le lendemain, il me propose de jouer aux échecs. Je ne réponds pas, je le regarde sans le regarder, avec tout le mépris que je peux lui donner. Dans mes yeux, il sent que quelque chose a changé, il comprend. Quand on jouait aux échecs, il y avait une lueur dans son regard, un truc qui l'aidait à tenir. En un claquement de doigts, j'ai éteint ce truc-là. Voilà les gens qu'on fréquente en prison et je ne veux pas que ça devienne mon ordinaire. Je suis juste un jeune qui a joué et qui a perdu, c'est tout.

Mais pour tenir, il va bien me falloir des compagnons d'infortune. Sous le quartier jeune où je suis placé, se trouve l'étage des mineurs. Des petits démons, infernaux et ingérables, capables de rendre dingues les plus madrés des matons. Allez savoir pourquoi, ils me kiffent tous. Un jour, j'en regarde un, un grand costaud, avec une énorme moustache. Attends, mais t'as quel âge toi ?

Oui, il a bien dix-sept ans, il est là parce qu'il s'est tapé dans une embrouille, ou quelque chose dans le genre, mais rien de bien méchant. On fait connaissance, on sympathise. Il a l'air posé, vraiment pas con. L'air déboussolé, il me confie ne pas comprendre ce qu'il fout ici, parmi ces êtres si violents, enfermés pour certains depuis si longtemps qu'ils ont l'air de faire partie des murs. Deux paumés dans un paysage où les paumés sont légion... Par respect pour ses proches, appelons-le H.

Trop jeune pour rester dans mon deuxième établissement, je suis bientôt transféré dans une troisième prison. Je demande à être seul en cellule, mais c'est pas possible, je vais devoir partager celle d'un autre prisonnier. On se jauge, on discute, on se demande ce qu'on faisait dehors, passage obligé des rencontres en prison.

Parfois, d'autres prisonniers veulent me tester. Certains me regardent de travers avec l'air de vouloir en découdre. Dans cette atmosphère rude et pesante, il arrive qu'on doive montrer les crocs et se taper. C'est con, mais c'est ainsi que ça marche. Sans arrêt, des bagarres éclatent sous mes yeux, et je réalise ce que la prison fait aux hommes, comment elle les rend plus agressifs et rugueux encore.

Doucement, j'apprends le langage et les codes de ce nouveau milieu. Je découvre un nouveau système D. On m'explique comment faire une chauffe. Une chauffe ? Imaginons, t'es seul, t'as faim, tu veux te faire à manger.

Très simple : les détenus les plus sympas vont s'arranger pour t'envoyer deux tubes de sauce tomate vides, un paquet de mouchoirs, de l'huile, une boîte de thon vide, quatre cannettes vides et du fil de cuivre récupéré dans des câbles électriques. Tu prends ton tube de sauce tomate, tu coupes les deux extrémités, tu l'ouvres, tu l'éventres, tu l'étales, tu l'aplatis, tu nettoies la sauce tomate. Tu te retrouves avec une sorte de rectangle en alu que tu plies dans le sens de la longueur pour obtenir un tube. Tu appuies sur une des extrémités pour l'aplatir, tu fais ça aux quatre extrémités de tes deux tubes. Maintenant, t'accroches tes deux bouts aplatis avec le fil de cuivre. Tu te retrouves avec deux bordels, deux tubes liés l'un à l'autre. Ensuite, tu prends ta boîte de thon, tu fous de l'huile dedans, tu laisses tremper le mouchoir à l'intérieur. Tu prends ton mouchoir imbibé d'huile, tu le rentres dans tes tubes, et ça te fait comme une lampe à huile. Tu allumes le mouchoir, qui se consume avec l'huile. Là, il faut réguler pour pouvoir gérer la flamme. On récapitule : tu as ta boîte de thon, tes mouchoirs dedans avec les tubes, et enfin, tes quatre canettes que tu remplis d'eau. Tu poses ta casserole là-dessus. Et voilà, je t'ai appris à faire une chauffe.

Avec ça, tu peux faire revenir tes oignons, faire cuire ta bouffe, chauffer ton eau. Parce que, quand la gamelle arrive, je me méfie, je me dis qu'ils foutent des saloperies à l'intérieur. Je récupère la viande, je la lave, j'enlève toute leur sauce. Peut-être que ça ne sert à rien, mais au moins, j'ai l'impression de garder le contrôle. Seul inconvénient de la chauffe, ça laisse des traces noires sur ta poêle, mais bon, on ne peut pas non plus tout avoir. Après, il y a les pros de la chauffe : « Non, mais la flamme, il faut qu'elle rase le cul de la casserole... » D'accord, super... Et puis il y a les niveaux encore au-dessus. Un prisonnier avait fabriqué un four avec un carton et de l'aluminium récupéré dans les emballages de plaques de chocolat.

Pour cacher nos premiers téléphones portables, on a recours à une astuce : on prend une bouteille de sirop, une salière en plastique et une canette ; dans la canette, on met le sirop, dans la salière, on met le téléphone portable ; on coupe le fond de la bouteille de sirop, on y met la canette, puis la salière. Résultat : pour envoyer nos textos, on ouvre le fond de la bouteille et on en sort la salière, et pour montrer patte blanche aux surveillants, on ouvre le bouchon, et on fait couler le sirop. Franchement, en prison, il y a aussi des concours Lépine qui se perdent...

Certains vétérans essaient de m'instruire. L'un d'eux me recommande des lectures au sujet des Black Panthers, que je ne connais que de nom. Je lis un peu plus. Je rencontre des adultes raisonnables, plutôt de bon conseil. Grâce à eux, je me mets à travailler pour passer le bac en prison. À un moment donné, je suis même des cours de philosophie. Le professeur, un homme au crâne dégarni, nous parle de Platon, Aristote, Socrate, et des autres penseurs grecs. Ça m'intéresse, je suis pas mal, là-dedans. Un jour, je prends mon courage à deux mains et je questionne un concept devant le professeur. « Vous êtes doué, sourit-il, vous devriez faire de la philo. » Je ne me souviens plus de ma remarque, ni du concept en question, mais simplement de ce compliment. Ça n'a l'air de rien, mais à cette époque de ma vie, je n'ai pas entendu beaucoup de compliments... Ah je me mets à écrire les courriers des autres détenus, aussi. Je m'applique pour trouver les mots justes, sensibles, dans un style fleuri, mais pas trop. Je rédige leurs lettres d'amour, celles qu'ils envoient aux enfants, à leurs proches, ou bien au juge. Après l'asocial, on m'appelle « l'avocat » ou bien « Cyrano ».

Le temps s'allonge et les mois se transforment en années. Un jour, j'engage la conversation avec un ancien, un détenu au visage creusé par les rides. « Vous êtes là depuis longtemps ? je lui demande.

– Oui, depuis 1979. »

Il venait d'un centre de détention. Deux décennies qu'il vit en prison. Une âme enfermée depuis ma naissance.

13

Le soir, un surveillant ferme ma porte, le matin, un surveillant allume la lumière, et pour moi cela devient une habitude. Peu à peu, je me fais à l'incarcération, quitte à perdre le fil des dates et de la réalité. À mesure que les années avancent, je passe du côté de ceux qui connaissent les rituels, les astuces, les secrets qui passent de détenus en détenus, de génération en génération, et qui rendent la vie un peu moins insupportable ici. Le pire, c'est de s'habituer.

La vie s'écoule dans la violence, l'arbitraire et les humiliations qui te font comprendre que tu n'es plus tout à fait humain. À cela s'ajoute la corruption qui rythme le quotidien et crée des inégalités insupportables. Pour qu'on te foute la paix, il faut payer. Et puis, il y a ces petits déboires qui ici prennent une importance décuplée. Une simple rage de dents prend des proportions dingues, tant les choses traînent à se régler. Une arête coincée dans la gorge, et tu frappes à la porte pour obtenir de l'aide, sans réponse. Limite on te rit au nez, pendant que tu souffres. Quand on m'emmène quelque part, à l'hôpital par exemple, il arrive qu'on me mette les entraves aux pieds. On t'attache les jambes, tu te retrouves à marcher à pas serrés pour ne pas perdre l'équilibre. La première fois, ça fout la honte, la deuxième fois aussi, la troisième on commence à se faire à l'idée, et c'est ça le problème. Mais l'essentiel du temps, on s'ennuie à mourir. Il n'y a plus que ça, la culpabilité, les regrets et l'ennui, l'ennui, l'ennui, sans horizon.

Mon corps change, sans que je m'en rende forcément compte. Je deviens une montagne de muscles, passe de 90 à 110 kilos, puis de 110 à 130. Le sport est une ascèse qui rythme mes journées et me donne l'illusion de garder le contrôle. Tous les jours, pendant des années, 1 500 pompes, 1 500 abdos et des tractions par milliers sculptent mon corps. La prison devient une seconde peau. Le cerveau se transforme, lui aussi, sans qu'on s'en aperçoive. Au bout d'un an, j'ai compris la leçon, j'ai merdé, je ne recommencerai pas. Au bout de trois ans, j'aurais pu reprendre les études, une vie à peu près normale. Au-delà, c'est autre chose : je suis enfermé dans une bulle, avec la haine qui monte en moi, avec aucune perspective d'avenir à la sortie, aucun horizon. La prison a laissé son empreinte sur mon esprit. Encore aujourd'hui, mon rapport à la solitude, au silence et à la résilience est structuré par ces années, que j'ai rangées dans un coin de ma tête, mais dont je ne suis jamais tout à fait revenu.

En prison, tout le monde se jauge selon un jeu d'apparences, d'illusion et de domination. Si les autres sentent qu'ils peuvent grappiller un peu de confort en t'écrasant, ils n'hésiteront pas, c'est la loi de la jungle. Un exemple : un jour, je pars en promenade. Pendant ce temps, un nouveau détenu s'installe dans ma cellule. Quand il lit « Michel » inscrit sur la porte, il prend ses aises et dégage mes affaires, tranquille. À mon retour de promenade, je découvre un grand dadais étalé dans mon lit, mes affaires bazardées n'importe comment dans la cellule. C'est quoi le délire ?

« Bah, lâche-t-il, c'est pas la cellule de Michel ?

– Si, c'est moi, Michel. »

Il ne s'attendait pas à tomber sur une montagne de muscles, et, disons-le clairement, sur un homme noir. Parce que, « Michel », ça ne lui évoque pas ça, parce que, quand il m'a vu débarquer, il a pensé « Mamadou ». C'était pareil à l'agence d'intérim. Quand je disais au téléphone que je m'appelais Michel, c'était super, excellente nouvelle. Une fois que j'arrivais sur place, c'était plus compliqué. Alors, aujourd'hui, quand j'en entends certains prétendre qu'il suffirait de donner des prénoms plus « français » à leurs enfants afin de mieux les « intégrer », je me demande sur quelle planète ils vivent. Je m'appelle Michel, je suis né en France, j'ai grandi en France, et ça ne m'a pas empêché de vivre tout ce que j'ai vécu.

Chez les surveillants aussi, mon apparence éveille une certaine inquiétude. Toujours envie de te faire comprendre qu'ils ont le dessus, que tu leur fais peur, alors t'essaies pas de leur faire peur, tu veux juste vivre ta vie, sans qu'on t'emmerde. S'ils te matent pas, ils sont persuadés que tu vas les écraser. Toutes les interactions avec eux sont parasitées par cette toxicité. Ils ne vont pas me lâcher, ils vont me faire la misère et je vais bien leur rendre. Ils me redoutent, aussi, parce que je réfléchis. Avec le temps, j'apprends que les mots sont la plus puissante des armes. Ma voix porte. Quand je parle, ça déclenche tout le monde. « Ta gueule, me lance un surveillant, un jour, sans raison. Tu fermes ta gueule ! » Je suis là : « Mais c'est quoi ton problème ? Pourquoi tu me parles comme ça ? » Bam, on me dit que je suis insolent, bam un rapport, bam une punition. Ça marche comme cela, surtout avec ceux qui veulent bomber le torse. Je comprends vite : leur but, c'est de te faire péter un câble. Pour y arriver, ils multiplient les petites crasses. Ils collent des rapports, bloquent ton courrier, t'accusent de choses que tu n'as pas faites, comme certains policiers dehors. À force de petites tortures, je me charge de colère. J'ai la haine contre eux. On s'aime pas, c'est comme ça. Tout devient prétexte à un bras de fer, dans un climat de guerre permanente.

Parfois, on t'envoie au mitard, sept jours, deux semaines, quarante-cinq jours. Pour des histoires à la con, tu croupis seul dans une cellule dégueu, avec le risque de perdre la tête. Dans ce climat, je suis passé par plein d'étapes. Dans un de ces établissements, je n'ai pas adressé la parole aux surveillants pendant neuf mois. Il y en a un que je prends en grippe. Il est dur, arbitraire et mauvais, je ne sais pas pourquoi. Quand j'arrive à la porte de ma cellule, je dois donner mon numéro de matricule, puis le surveillant ouvre. Je ne réponds pas, je ne fais rien. « Ton nom, hurle l'autre, je t'ai demandé ton nom ! Ton nom ! Tu me donnes ton nom ! » Le mec se fâche, devient fou, il sent qu'il perd le contrôle. Au moment où il craque et qu'il s'approche pour m'en mettre une, je sors ma carte, avec mon matricule. Les autres interviennent : « Vas-y c'est bon, laisse-le tranquille. »

Un jour, je fais un truc dégueulasse, mais, disons, assez drôle. Tout part d'une surveillante qui parle mal et me chauffe le crâne. Un jour, elle se retourne, elle s'éloigne, de dos. Moi, j'ai une pomme dans les mains. Je lui jette la pomme dessus, elle éclate à l'arrière de sa tête, et pas de chance, la pomme décoiffe sa perruque. « ZECLER !!! » Voilà, je me retrouve au prétoire, une sorte de tribunal carcéral censé m'envoyer au mitard. Vraiment une scène de gamins...

« Vous avez lancé la pomme !

– Non, j'ai pas lancé la pomme ! »

Direction le mitard. C'est une cellule individuelle du quartier disciplinaire où sont envoyés les détenus fautifs. Équipement minimal, pire que d'habitude : un lit, un lavabo, une table, des toilettes. Zéro télévision, même pas de miroir, aucun effet personnel. Une douche trois fois par semaine, maximum, et une heure de promenade dans une petite cour individuelle. Y a rien à faire.

Sans cesse, on navigue entre sa cellule et le quartier disciplinaire. Pour une histoire de téléphone, dans laquelle je n'avais rien à voir, un autre me colle sept jours de mitard. Un sadique à l'état pur. Un midi, il ouvre la porte de ma cellule pour m'amener à manger. « Toi, tu rentres pas dans ma cellule. » Il sourit, d'un air satisfait.

« Alors vous refusez le repas ?

– Ouais je vais pas manger, vous ne m'apportez rien. »

Pendant une semaine, je ne mange pas, je bois de l'eau, je fais du sport. Sept jours sur sept, vingt-quatre heures sur vingt-quatre, j'apprends à m'infliger une nouvelle forme de résistance. J'emmène mon corps loin dans la souffrance. Le mitard est censé te calmer. Mais non, le mitard, c'est la prison dans la prison : ça te rend plus violent, ça te remplit de colère, point final.

Si vous ne me croyez pas, jetez un œil à la question. La France a été condamnée à dix-neuf reprises par la Cour européenne des droits de l'homme pour l'indignité de ses conditions de détention. Dix-neuf fois, pour le pays des droits de l'homme et du citoyen, ça la fout mal. J'ai vu des hommes forts s'effondrer en prison, craquer en pleurs dans leurs cellules, seuls, comme des enfants. Moi, je m'adapte vite, je l'ai toujours fait, je me suis toujours fondu dans la situation du moment. D'autres n'ont pas ma constitution et ne tiennent pas, ici. La nuit, je suis réveillé par des cris, des hurlements de dingues, insupportables. Là-dedans, il y a plein de malades. Étaient-ils fous avant de rentrer ? Auquel cas, ils n'ont rien à faire ici. Ou est-ce la prison qui les a rendus fous ? Je rencontre un mec, un métis, gentil, plutôt beau gosse. On sympathise, on s'entend bien. Un gars normal, comme vous et moi. Un matin, il vient me voir et dit : « Eh Michel, hier j'ai vu Dieu, j'ai parlé avec Lui. » Il est sérieux dans son délire. Il me parle, évoque des démons. D'ailleurs, il le jure : il en voit un arriver derrière moi. Là, un surveillant arrive, l'attrape, l'éloigne de moi et lui met une grosse droite, sans raison. Une deuxième, une troisième, il enchaîne. Voilà, je fais la connexion, le mec a pété les plombs et c'est la prison qui l'a fait vriller.

J'ai entendu des mecs gueuler vivants, et d'autres gueuler avant de mourir, jusqu'à ce qu'ils crèvent. Ça, je n'oublierai jamais. C'est arrivé deux fois. La première, un mec met le feu à sa cellule. J'entends le procureur le déclarer mort, tirer le corps sur le sol, affreux. La seconde, ça part d'une histoire de cigarette. J'entends un détenu demander une clope à un surveillant.

« Je n'en ai pas.

– Mais mon voisin en a une, je peux en récupérer une, s'il vous plaît ?

– Non.

– Surveillant, si j'ai pas une cigarette, je mets le feu.

– Bah fous le feu alors ! »

Fin de l'échange, le surveillant se barre. L'autre fout le feu. Il met le feu à son matelas. C'est des matelas en mousse. Ça fait une fumée noire et épaisse. À ce moment-là, je suis au mitard et la fumée se propage jusque chez moi. Ce sont des nouvelles cellules, l'aération ne fonctionne pas bien, la fumée ne s'évacue pas. Je m'étouffe. J'appelle les surveillants. « Oui, on sait, il y a le feu ! On arrive ! » Il faut savoir que la nuit, il n'y a que le surveillant-chef de garde qui détient les clefs des cellules. Par réflexe, j'ouvre le robinet, je mouille une serviette, je m'allonge par terre pour respirer au plus près du sol. Je ne vois plus rien, j'entends plus rien, j'attends, je perds presque connaissance, je me dis que c'est fini. Là, je sens une main qui me tire dehors. Je reconnais le visage masqué d'un surveillant. D'habitude, je ne peux pas voir sa gueule, et lui ne peut pas voir la mienne. Ce jour-là, il m'a sauvé la vie.

Bien sûr, il y a des sadiques et des déséquilibrés, mais tous les surveillants ne sont pas des monstres. La surpopulation carcérale, l'indignité des conditions de vie, la violence déchaînée... une partie d'entre eux font ce qu'ils peuvent, eux-mêmes dépassés. Ils gèrent les urgences, et puis il y a les directives, le système, les forces qui agissent sur eux, ce qu'on leur demande de faire, ce qu'ils sont obligés de faire, ce qui leur arrivera s'ils ne le font pas. Comment tenir dans ces conditions ? Et puis, il y a le terrain, toutes ces situations qu'on ne leur apprend pas à gérer à l'école. Alors, comme dans beaucoup de secteurs, les plus motivés se désespèrent, quittent le navire, et ne restent à bord quasiment que les plus mauvais. Systématiquement, je m'efforce de me mettre à la place de l'autre, pour mieux comprendre.

Des années de prison m'ont appris à nuancer mes jugements, autant avec les surveillants qu'avec les autres détenus. « T'es là pour quoi ? » se répète-t-on entre nous, je l'ai dit déjà, comme un passage obligé, une formule de politesse et un moyen de se faire une idée de qui partage votre cellule. « Rien, me répond-on souvent. C'est des bâtards, c'est tout. » Alors oui, certains cherchent à dribbler la justice et clament leur innocence, c'est le jeu. Mais autour de moi, nombre de détenus me confieront être là pour outrage, rébellion, défaut de permis. Aujourd'hui, je revois leurs visages avec cette idée en tête : c'est sûr, parmi tous ces hommes croisés au fil des ans, certains n'ont pas eu la chance d'être filmés au moment de leur altercation avec les forces de l'ordre. Plus largement, je ne peux m'empêcher de penser qu'ils ne sont pas tous entièrement responsables de leur sort. Un coup d'œil aux travaux des sociologues qui se sont penchés sur la question – Didier Fassin, Véronique Le Goaziou, Laurent Mucchielli pour n'en citer que quelques-uns – suffit pour constater la surreprésentation de Noirs et d'Arabes parmi les détenus français, et comprendre qu'on n'est pas tous nés sous la même étoile.

14

Liste non exhaustive de tous les événements que j'ai vécus depuis l'intérieur de la prison : le but en or de David Trezeguet en finale de l'euro 2000, le 11 septembre 2001, la première saison de *Loft Story* (les détenus tapaient sur les barreaux, ça hurlait dans toute la prison, une dinguerie), le passage à l'euro, Jean-Marie Le Pen au second tour de l'élection présidentielle, le non à la guerre en Irak, Nicolas Sarkozy qui promet de nettoyer la cité des 4 000 à la Courneuve au karcher, après la mort d'un gamin de onze ans tué par balles pendant une rixe entre bandes, puis les émeutes de 2005. À la mort de Zyed et Bouna, deux adolescents de Clichy-sous-Bois électrocutés après s'être réfugiés dans un transformateur pour échapper aux policiers, je me souviens d'avoir éprouvé une résignation lourde. De toute façon, il n'y a rien à faire, c'est comme ça. C'est quand même grave d'en arriver à penser ainsi...

Au bout du quatrième établissement pénitentiaire, je ne les compte plus... je me laisse porter d'une maison d'arrêt à l'autre dans un grand tour d'Île-de-France, je pourrais presque faire un guide comparatif. Où que j'aille, je suis installé. Quand on me change de cellule, j'ai ma routine : d'abord, je lessive les murs jaunes et dégueulasses, puis je fais les sols, j'arrange les choses du mieux que je peux. Quand j'arrive quelque part, je suis clair avec le personnel : ça j'accepte, ça j'accepte pas. À ce stade, les surveillants me connaissent, et moi je les connais. Sous mes yeux, certains évoluent dans leur carrière, montent en grade, se marient, deviennent pères, très étrange... Pendant des années, j'assiste à une valse d'entrées et de sorties des détenus. Pour certains, ce jeu du chat et de la souris rythmé par les allers et retours dedans-dehors, devient un mode de vie à part entière.

Inévitablement, le lien se délie avec l'extérieur. Peu à peu, tu deviens un fantôme, ou un vieux souvenir. Au début, ma mère passait me voir au parloir. Puis, elle est venue de moins en moins. Finalement, plus du tout. Je ne voulais plus lui faire subir tout ça. Pour elle, c'est pas évident, il faut faire tous les papiers, ça prend du temps. Déjà qu'on n'arrive pas à faire les papiers pour les trucs normaux, maintenant, il faudrait qu'elle en fasse pour souffrir de voir son fils derrière les barreaux. Et puis, parfois, mes maisons d'arrêt sont carrément trop loin. Je ne lui en veux pas, comment le pourrais-je ?

Les premiers mois, Solène vient me voir au parloir. Je suis en colère contre moi-même, d'avoir gâché notre histoire. Malgré cela, on s'est encore aimés, comme on le pouvait. On parlait avenir, on parlait maison, on parlait enfants. On a continué comme ça pendant un petit moment. Mais les choses ont fini par se compliquer. Dehors, ses potes lui disaient : « Tu sais, il est parti pour je sais pas combien d'années... » Elle doutait, on en a parlé. « Fais ta vie, je lui ai dit un jour, si t'es là, t'es là, et si t'es pas là, t'es pas là... » Je le disais avec mes mots malhabiles, mais c'était sincère : je ne pouvais pas l'empêcher de vivre sa vie, la retenir, la prendre en otage de mes conneries. Au bout d'un moment, Solène a cessé de venir, notre histoire s'est terminée sans larmes, sans reproches, ni rancœur. C'est comme ça, on passe à autre chose. Au bout de quelques années, plus personne ne m'attend vraiment à l'extérieur.

J'ai fêté mes vingt ans en prison. Pour mon anniversaire, Diam's m'a envoyé vingt lettres. Vingt lettres... une petite, puis une plus grande, de plus en plus longue, et enfin une lettre immense. Elle avait bien prévu son coup, entre l'envoi, l'arrivée et la réception du courrier. Chapeau. Quand elle a appris que je m'étais fait arrêter, d'abord, elle n'a pas compris. Comme je ne lui avais rien dit, elle a eu le sentiment d'avoir été trompée, de découvrir une autre version de moi-même, qui cachait bien son jeu. Avec le temps, elle a saisi que je ne lui disais rien pour la protéger. Dans ses courriers, elle me raconte tout. Ses scènes, ses enregistrements, son ascension. J'ai vécu le succès de mes potes depuis la prison. Ils ont explosé. « C'est la folie, m'envoie un jour Yannick, qui fait danser la France sur "Ces soirées-là". On aimerait tellement que tu sois là pour kiffer avec nous ! » Moi, je rêve d'être à leurs côtés, dans les coulisses, dans les hôtels, sur scène, avec les fans. J'ai envie de kiffer avec eux. Ça fait bizarre, ça rend les choses encore plus irréelles. Ils me racontent, et j'essaye de profiter par procuration. Impossible de m'envoyer les CD mais ils se débrouillent pour que je reçoive d'autres choses, des magazines dédicacés par toutes les actrices, par exemple. « Michel, signent-elles, j'espère te revoir vite... » Quand les surveillants voient ça, ils pètent les plombs, viennent me voir comme des gamins. « Euh... vous les connaissez ? »

Mes amis ne m'oublient pas. En mai 2003 sort l'album phénomène de Diam's, *Brut de femme*. La France se déchaîne sur « DJ », connaît par cœur les rimes révoltées d'« Incassables », chante avec elle le désir de partir loin d'« Évasion[2] » :

J'ai passé un quart de ma vie à rêver d'être en Grèce
Dur d'être jeune, dans ce pays y a plein d'enjeux (pleins d'envieux)
De l'argent à l'appel, c'est dur d'être un ange.

Et vient alors ma dédicace, comme une flèche qu'elle m'envoie en plein cœur :

Mais si je rêve évasion
Alors mon pote Balrog entre quatre murs, lui il rêve détention
Quand je pense à lui, je me dis que je devrais pas
Mais j'aimerais quand même partir, où ça ? Ça je sais pas.

Même stupeur chez les détenus et les surveillants. Soudain, ils me regardent avec un mélange de curiosité, de fascination et de respect. Sur mon mandat de dépôt, on pouvait lire l'alias de mes années de jeunesse : Balrog.

Quand je me rends au parloir, je croise une jeune femme que le destin s'acharne à mettre sur mon chemin : Anne-Valérie Atlan, que j'appelle Valérie ou Valou, la rédactrice en chef. On se fait un signe de la main, timide et discret. J'apprendrai qu'elle vient voir un autre détenu. À chaque parloir, cela va devenir une habitude. Un sourire, un signe de la main, pas plus. Elle connaît Diam's, Yannick, tous mes potes rappeurs. Alors, nous allons commencer à nous envoyer des courriers. Un lien solide se crée entre nous tous, plongés dans une galère commune. Quand je suis transféré à une distance trop éloignée de ma mère, Valérie prend un peu le relais et me ramène même du linge propre, qu'elle me dépose lors des parloirs. Après tout, je suis un enfant seul, comme une bougie qu'on a oublié d'éteindre dans une chambre vide, pour citer Oxmo. Comme ça, elle va multiplier les petites attentions, des pas grand-chose qui sont le bout du monde derrière les barreaux, et aident à survivre. À l'occasion de deux Noël, elle me fait même parvenir des chocolats, un gigot d'agneau, du saumon fumé. Elle me donne des coups de main pour la paperasse. De parloir en parloir, de coups de main en coups de main, d'année en année, elle devient un lien supplémentaire avec le monde extérieur. Si j'ai besoin de quoi que ce soit, je peux lui demander.

Une assistante sociale doit m'aider. La voir est un soulagement, comme une lueur d'espoir au bout du tunnel. Promis, elle va faire son possible pour me faire sortir. Mais, d'abord, il me faut une attestation d'hébergement, une promesse d'embauche, un rendez-vous avec l'employeur... Mais comment je vais obtenir ça derrière les barreaux ? Bon, j'écris à Valérie. Elle se démène pour m'avoir les documents, me trouver un boulot, un logement. Quelques semaines plus tard, je présente les papiers à l'assistance sociale, fier de moi. Elle grimace, l'air déçu. Non, navrée, elle aimerait vraiment m'aider, mais il manque ceci, cela. Grosse déception. Toujours pareil, chaque fois que j'entrevois la sortie, la lumière semble se dérober. Lors de ma seule permission, Valérie m'avouera la vérité. Dans mon dos, l'assistante sociale essayait de la dissuader de m'aider... Il est dangereux, il va vous faire du mal, vous ne le connaissez pas : il est là pour vol à main armée. Énorme déception. Je coupe les ponts avec l'assistante sociale.

Au bout de six ans, je suis envoyé dans la dernière prison que je fréquenterai. Six ans de paquetage. Des années d'affaires accumulées, des lettres, des bouquins, des magazines, des conneries dans des cartons, que je porte avec moi comme ma maison. C'est une véritable usine, un gros paquebot de 3 000 places mais qui accueille parfois quasiment le double de détenus. Une ville dans la ville étalée sur 200 hectares, avec murs d'enceinte, blocs hexagonaux, tunnels et satellites en forme de pattes d'oie. C'est la prison fois dix.

Quand les surveillants voient mes cartons, ils fouillent tout, de fond en comble, ils me fouillent comme des malades. L'un d'eux me regarde : « Déshabille-toi. » OK, je me déshabille, je me mets en caleçon. Il me montre deux croix marquées au sol.

« T'as vu ?

– Oui.

– Tu mets tes mains aux murs et tes pieds sur les deux croix, tu baisses ton caleçon. »

D'accord, j'ai compris.

« Surveillant, je lui dis, ça je peux te dire que je le ferai pas. S'il faut aller au mitard, j'irai, pas de problème. » Il me regarde, un long moment. « Vas-y, rhabille-toi, c'est bon. » Le baisse-toi-et-tousse, y a pas moyen, l'humiliation a ses limites. Même pas en rêve. Une question de respect, voire de décence.

Trop de détenus, pas assez de surveillants, et une insalubrité décuplée. À ce stade, je connais les règles, je les respecte. Je suis rentré gamin, j'ai grandi là-dedans. Avec les auxi, par exemple, je sais comment ça marche. Pardon, l'auxi, c'est l'auxiliaire de justice, un détenu qui bosse dans la prison, qui va faire le lien avec la bibliothèque pour aller te chercher un livre, de la bouffe, ou autre chose. C'est lui qui rend les services, et t'as plutôt intérêt à bien t'entendre avec lui. L'auxi est archi cool. Autour de moi, plein de gamins, qui ont à peu près l'âge que j'avais en entrant. Un jour, j'en vois un se faufiler dans la salle de l'auxi pour voler des trucs. Abusé, j'hallucine, il est malade, lui. Un peu plus tard, un surveillant, un grand costaud, débarque devant ma cellule. « C'est toi qui as volé dans la salle de l'auxi ? » Je ne réponds même pas, j'ai passé l'âge pour ces conneries. Il me prend en grippe. Il me dit : « Je passe dans cinq minutes pour la bibliothèque. » Je mets mes pompes, j'attends. Il ouvre la porte : « Bibliothèque. » Clac, il referme immédiatement. « T'étais pas prêt, t'avais qu'à être prêt. » Ça va, je connais. Comme n'importe quel con de détenu, je mets un drapeau, que je fais glisser entre la porte et le cadran de celle-ci, pour qu'on repasse me voir. Lui tire le drapeau, le fout sous ma porte en mode : « Ta gueule ! » Laisse tomber, je frappe à la porte, je la fais claquer chaque fois qu'il passe « Eh, me lance-t-il, ici t'as pas compris comment ça se passe ? Tu connais pas les promenades ici, je vais t'envoyer là-bas, tu vas moins faire le malin... » Je le dévisage. « Mais attends, tu sais pas à qui t'as affaire... » Là-dessus, il part, et revient au bout de dix minutes, un autre homme.

« C'était un test, c'est bon j'ai compris, t'es un grand garçon, tu connais des gens, ici ?

— Je connais personne. »

Disons que je connais des gens, sans vraiment les connaître. J'ai croisé nombre d'entre eux à chacune des étapes de mon tour d'Île-de-France. Des années, maintenant, que je côtoie des taulards. Je ne sais pas encore quand je sortirai, encore moins ce que je ferai une fois dehors. Mais comment se réinsérer après tant d'années ?

J'apprends qu'un vieux compagnon de route est incarcéré dans ce vaisseau inhumain : H. J'aimerais le retrouver dans sa cellule, mais on me fait comprendre que ce n'est pas possible. Il est mêlé à une affaire compliquée, l'histoire n'est pas claire, son rôle non plus, ils préféreraient le laisser seul en attendant son procès. J'insiste un peu et je finis par le retrouver. Au vrai, H. a insisté, lui aussi. Il faut dire qu'il a changé. Quand je l'ai rencontré, il était mineur, emprisonné pour une connerie. Puis, les galères se sont enchaînées, une spirale en amenant une autre.

Il devient mon meilleur pote, comme un petit frère. On passe notre temps ensemble. Il est drôle, malin, sensible, courageux. Il me fait promettre de ne pas déconner à ma sortie, c'est le premier à m'avoir mis cette possibilité dans la tête. « Imagine, me répète-t-il. Si t'y arrives, tu vas peut-être tous nous sauver. » Lors de son procès, H. sera condamné à huit ans de prison, son complice à dix. J'ai gardé en tête la promesse que je lui ai faite. Le plus dur, c'est qu'on n'a pas pu kiffer autant qu'on l'aurait voulu. H. est mort d'un accident en 2010. Quelques mois auparavant, il m'avait organisé un superbe anniversaire surprise. Aujourd'hui encore, je pleure sa disparition. Je ne serai plus jamais le même... Paix à son âme.

Mon procès approche. Je trouve une avocate. Elle fait ce qu'elle peut, mais je suis pas non plus son fils, elle a d'autres clients. Je ne veux pas que ma mère soit présente, pas le courage d'affronter son regard, pas envie de la mêler à ce cirque. J'ai pris sept ans de prison pour vols à main armée et c'est déjà bien assez.

Bam. Bam. Bam. Un soir, un surveillant frappe à la porte de ma cellule, comme tous les soirs depuis sept ans. Mais, ce jour-là, il ajoute : « Zecler, libérable demain ! » Quoi ? Attends, qu'est-ce qu'il a dit ? Je frappe à la porte. Il ne répond pas. Je l'insulte de tous les noms. Il refuse d'ouvrir la porte.

« Attends, ça fait sept ans, tu te fous de moi, tu joues avec moi !

– Mais quoi, je vous ai dit que vous étiez libérable demain.

– Comment ça, je suis libérable ? »

Il essaye de me calmer. En fait, le directeur de la prison m'a mis sur les grâces présidentielles, l'acte qui permet au Président de réduire ou de supprimer une sanction pénale. Évidemment, je ne dors pas de la nuit. Le lendemain matin, le surveillant ouvre la porte. « Zecler, libérable. »

15

Une légende de détenus raconte que si tu oublies des affaires à ta sortie du placard, il faudra revenir les chercher en repassant par la case prison. Persuadé qu'on va me faire un coup tordu, me dire que c'était une erreur, voire une blague de mauvais goût, et que je vais revenir ici, je laisse tout mon bazar sur place. Je regarde H., je me lève et je lui fais la bise avant de partir. « Si tu n'emmènes rien, me lance-t-il, je brûlerai tout, il ne faut pas que tu reviennes... »

Dans la voiture qui m'emmène au greffe, je laisse traîner mon regard sur l'immensité de la fourmilière qui m'a encagé, ses ateliers installés dans sa façade en béton, sa piste d'athlétisme, sa rotonde centrale où se trouve la loge des surveillants, où ils peuvent voir sans être vus, créant chez les détenus le sentiment d'être observés en permanence. On arrive dans une petite salle pleine de « libérables » comme moi, qui ont pris des petites peines de quelques mois, pour la plupart. Les dossiers passent un à un. Un homme appelle des noms. Il en arrive au mien. Mon dossier arrive sur la table. Je me présente, blasé, persuadé qu'on s'apprête à étouffer la lueur d'espoir plantée en moi comme une graine, la nuit dernière. Après un court silence, l'homme répète ce que j'ai toujours du mal à croire : « Zecler. Libérable. » Au suivant. Encore un silence. Puis, on me rend mes effets personnels. Quelques milliers de francs convertis en quelques centaines d'euros, mes fringues de 1999, mais pas mes boucles d'oreilles – ils sont désolés, ils les ont perdues...

Alors, c'est fini ? Un autre trajet en voiture, et j'atterris dans une autre salle grise. Ils ouvrent une porte. Soudain, je vois le monde extérieur, là, juste devant moi. Je sors. De l'espace à perte de vue. Un délire. Un truc de fou... Ça y est, je suis dehors. Je suis libre, je peux aller partout, faire ce que je veux. Ça donne le tournis.

Quand je suis entré, j'avais dix-huit ans, j'étais un gamin. Maintenant, j'en ai vingt-cinq, je suis un jeune adulte, mais sans aucune expérience de la vie. Un grand écart impossible à assimiler. Ce n'est pas l'âge qui fait l'homme. D'autant plus que je n'ai pas pu me préparer à la sortie, prendre mon élan avant ce saut dans le vide. Ça m'est tombé dessus. Mon corps est dehors, mais mon esprit est encore à l'intérieur. « Mon corps est enfermé, seule mon âme peut voguer », écrit Passi. Il faudra du temps pour aller mieux.

Par où commencer ? D'abord, je passe des coups de fil. Personne n'est au courant de ma sortie. J'appelle ma mère. J'appelle Diam's. Mes proches hallucinent, à peu près autant que moi. « Ah ouais, t'es sorti ? » J'appelle le frère d'un pote détenu. Il m'emmène faire du shopping. C'est pas possible, je porte mes vêtements de 1999 alors qu'on est en 2005... Dans la rue, les gens parlent dans des smartphones, écoutent de la musique sur des iPod, portent des bracelets en plastique colorés, des Converse All Star – je les croyais passées de mode depuis longtemps – ou des Nike Air-Max 360, avec des bulles sous la semelle. J'ai l'impression de sortir d'une machine à voyager dans le temps.

Les jeunes sortent de plusieurs mois de lutte contre le contrat première embauche (CPE), Zidane vient de quitter les terrains sur un coup de tête en finale de Coupe du monde, et Nicolas Sarkozy prépare sa campagne électorale. Bientôt, un policier antillais de trente-deux ans sortira son arme de service et tuera un supporter du PSG en tentant de protéger un jeune Français juif agressé par des ultras à la sortie du Parc des Princes.

Pour l'heure, c'est l'été. Je ne sais pas quoi faire. Je n'ai pas envie de rentrer tout de suite chez ma mère. Alors, par réflexe de protection, j'appelle Valérie.

« Quoi ? T'es sorti ? Tu fais quoi ?

— Je ne sais pas.

— Michel, t'as un petit peu d'argent ?

— Ouais, vite fait, pourquoi ?

— Ça te dit de descendre sur la côte ? »

Elle est dans un grand appart du sud de la France avec ses enfants et ses cousins, pour les vacances. Sur un coup de tête, je dis oui.

Le corps met un certain temps à s'acclimater au dehors. Par exemple, les pieds n'ont plus l'habitude d'avancer sur des pavés, des trottoirs ou des rues gondolées. Le cerveau redécouvre des sons et des odeurs enfouis profondément dans la mémoire. Les yeux se posent sur l'horizon, pour la première fois en sept ans, et je réalise que j'ai perdu en vision. Les premiers jours, un trop-plein de sensations m'envahit, j'ai mal partout, je suis épuisé.

Physiquement, je suis une énorme machine de guerre. On m'arrête dans la rue : « Bien joué les pec' ! » En prison, je passais inaperçu, ou presque, mais là, je dois gérer tous ces gens différents qui me regardent avec insistance. Ou bien est-ce de la parano ? Après tout, je ne me suis pas retrouvé dans une foule depuis sept ans. En public, je suis anxieux, je me sens oppressé, mal à l'aise. Comme si tout le monde pouvait lire mon passé sur mon visage. Du côté de Nice, Valérie m'emmène avec elle pour rendre visite à des amis. Et, chaque fois, le même étonnement. « Ah ouais, tu viens de sortir, mais ça va, là ? » Non, ça va pas, mais j'essaye de ne pas le montrer. La vérité, c'est que socialement c'est compliqué, et j'aurais bien aimé pouvoir me préparer à ça. Pas de colère ou de ressentiment. Je suis juste habité par une sensation d'abandon et de paralysie. Sept ans, et, limite, c'est normal. Bizarre, cette tendance qu'on a à toujours considérer que ce qui nous arrive, même le pire, est « normal », parce que cela fait partie de la réalité qui nous est réservée. Un flic t'arrête, te bouscule un peu, et c'est normal, je ne vais pas en parler, je ne vais pas en faire tout un plat. Normal.

Pour célébrer ma sortie, Diam's me donne rendez-vous dans un restaurant huppé, près de la gare Montparnasse. Quand je rentre, les gens arrêtent de manger pour me regarder. Je commande une purée avec de la viande. Le plat arrive : raffiné, mais peu consistant. Euh, on va me servir en deux fois ou c'est comment ? Je suis bien élevé, je ne dis rien, mais clairement, je ne joue pas à domicile. Avec une certaine facilité, elle et moi nous retrouvons comme on s'est quittés, même si nos deux vies ont pris des directions diamétralement opposées. Elle a réussi dans la musique et je suis heureux de voir ce qu'elle est devenue. Elle parle de m'aider, de me mettre sur ses plans, mais je veux pas trop déranger.

Impossible de rentrer à Bagneux, j'ai besoin de temps pour me reconstruire. Je n'ai pas envie d'aller dans ma cité et qu'on me glorifie. J'ai compris, j'ai merdé, je veux passer à autre chose. J'ai fait pleurer ma mère, c'est tout ce que j'ai gagné. En réalité, c'est ça le plus dur avec le placard : la question, c'est pas si tu résistes toi-même, mais c'est tes proches. Ça fait plus mal que tout le reste. J'ai privé ma mère de sept ans de ma vie. « Quand t'es parti en prison, me dira un jour mon petit frère, maman, elle a vieilli d'un coup, elle a pris dix ans. » Et lui, quel exemple je lui ai laissé ? Pas le meilleur, vous me direz. Il a fait son chemin, commis ses erreurs. Il a dû affronter seul ces années où on peut basculer du bon ou du mauvais côté, là où de meilleurs choix de ma part auraient pu lui baliser le chemin. On ne peut pas revenir en arrière. Mais, comme l'écrit Sefyu, suis-je le gardien de mon frère ?

Personne n'a voulu dire à ma grand-mère que j'étais en prison. Pendant sept ans, elle n'a pas compris pourquoi je ne donnais plus de nouvelles, et pourquoi tout le monde se montrait si évasif à mon sujet. Ils ont voulu la protéger. À la fin de ma peine, elle était déjà très malade. Elle le répétait : elle ne partirait pas avant de me voir une dernière fois. Comme par hasard, je sors du placard, et elle nous quitte, sans que j'aie le temps d'aller lui dire au revoir. Terrible regret. Je m'en suis voulu grave. J'aurais voulu y aller, reprendre une dernière bouffée de sa sagesse, de ses mots, le cerveau prêt à entendre toutes ces choses sur elle et sur mon histoire. Ses dernières années ont été difficiles. La mairie voulait construire un port et la maison de mon enfance dérangeait. Malgré la ténacité de ma grand-mère, sa maison a fini par être rasée. Pour son enterrement, je me suis rendu en Martinique. Quand je l'ai vue allongée, avec son chapelet dans la main, ça a été dur. Je lui ai fait un bisou sur le front, sa peau était froide, et j'ai senti une énergie propre à ma grand-mère, quelque chose de mystérieux, qui me dépasse largement. Trop tard, voilà le vrai prix à payer pour toutes mes conneries, en plus des années d'éloignement.

Je suis sorti, je n'ai pas fait d'études, je vais bosser à l'usine ? Non, je ne peux pas, je n'ai aucune qualification, et me voilà jeté en pâture au monde. Un trou de sept ans dans mon CV, aucun logement, pas d'aides sociales... Comment pourrais-je me réinsérer ? Quelles sont mes chances ? Ce n'est pas un hasard s'il y a de la récidive. Il n'y a pas des êtres nés méchants qui cherchent à tout prix à semer le mal partout où ils passent. Les chiffres sont clairs : en 2020, en France, plus d'une personne condamnée à une peine de prison ferme sur deux est de nouveau condamnée dans les cinq ans suivant sa sortie. Qu'on soit clairs : si je ne fais rien, personne ne fera rien pour moi, et voilà l'avenir qui m'est promis. En prison, j'ai évidemment côtoyé des gens qui m'auraient volontiers tendu la main à ma sortie, mais sur des chemins illicites. Quand je sors, j'ai des noms, des numéros de téléphone, des adresses. Un coup de fil suffirait à m'égarer de nouveau. Me revient ma promesse faite à H., qui sonne comme cette phrase de Kery James qui m'obsède. « Si c'était à refaire, assurément j'ferais autrement. » Dès ma sortie, j'ai tout fait pour laisser la prison derrière moi, la mettre dans une boîte, fermer la boîte à clef. Il allait me falloir bien du courage pour me lancer dans cette nouvelle vie, tenir et avancer. De la force, et aussi un peu de chance. J'en suis bien conscient. C'est aussi pour ça que je ne me permettrai jamais de juger ceux qui replongent.

De cette parenthèse refermée, je garde encore quelques attributs : ma discrétion, mon rapport à la solitude et aux autres. Dans toutes mes relations amoureuses, ça m'a posé problème. Je ne peux pas écrire grand-chose de positif sur le milieu carcéral, mais, en sortant, j'ai voulu le laisser derrière moi, avec toute ma rage, ma colère et mes frustrations accumulées. Il m'a fallu du temps pour apaiser mon esprit, et voilà pourquoi je n'en parle jamais.

16

Alors, vers qui se tourner quand on veut faire table rase du passé et aller de l'avant ? À cette période, Valérie est elle aussi à un moment carrefour de son existence. Après avoir accompagné la naissance du rap en France en dirigeant le magazine *RADIKAL*, elle a amené ses talents au magazine *R.A.P.*, puis œuvré toujours en rédac' chef pour le mensuel de culture urbaine *RER*, avant de terminer encore rédactrice en chef de *RnB Mag*. À peine trente-trois ans, et elle semble avoir roulé sa bosse dans tous les mondes. Née en 1972, élevée dans une famille d'origine juive algérienne, avenue Kléber, dans le 16e arrondissement de Paris, rien ne l'appelait à devenir la marraine du rap français. Elle a fait le tour des États-Unis, de New York à Los Angeles, en passant par Oakland et San Francisco. Elle a vu Tupac sur scène, interviewé Jay-Z dans un jet privé, tapé la discut' avec Snoop Dogg, fait visiter Paris à Dr. Dre, recueilli les confessions d'Ice Cube, pour n'en citer que quelques-uns. Elle suit Beyoncé depuis si longtemps que Queen B connaît le nom de ses enfants, et même celui de ses chiens... Mais l'heure est à la crise de la presse, déjà, c'est le début des sites spécialisés, son éditeur a mis la clef sous la porte, Valou est au chômage, elle vient d'avoir un deuxième enfant. Elle souffle, mais se demande quelle direction prendre, songe même à tout arrêter. En mode abandon. Hors de question. Si elle arrête, je n'ai plus qu'à baisser les bras moi aussi. Je lui mets un boost. Je tente de la raisonner : quand j'étais au placard, sa voix dans le poste de radio sonnait comme une fenêtre sur le monde extérieur, son émission sur Générations 88.2 était un rendez-vous incontournable pour beaucoup de détenus, on enregistrait tout. Une boussole, notre seule échappatoire. « Voilà, je lui dis, pourquoi on ferait pas une émission où on inviterait des rappeurs ? La technique, je n'y connais rien, mais niveau rap, j'suis calé, et toi, tu connais tout le monde. » Elle me regarde, sans rien dire, l'air d'hésiter.

« T'y crois ?

— Ouais ! »

Deux jours plus tard, elle m'appelle.

« Michel, on a rendez-vous avec le comptable demain. On monte notre boîte !

— Attends, mais je suis pas prêt.

— Demain ! »

Trop tard, c'est mort. Quand elle est lancée, elle est partie, une voiture de formule 1. Vite, nouveau rendez-vous. Si on se lance, il nous faut un nom, un mot qui sonne juste, en deux syllabes, trois peut-être. De pronoms en adjectifs pompeux, on tombe finalement d'accord sur un nom qui restera gravé dans l'esprit de ceux qui l'entendront : Mazava. Pendant des années, nos interlocuteurs y chercheront un sens caché, une énigme complexe et mystique. Non, non, je m'appelle Michel-Alexandre Zecler, elle s'appelle Anne-Valérie Atlan : « Viens, on met juste nos initiales... » Aussi simple que ça.

Notre histoire ressemble au générique de la série britannique *Amicalement vôtre* mettant en scène Roger Moore dans le rôle d'un aristocrate anglais et Tony Curtis dans celui d'un homme d'affaires venu des bas-fonds new-yorkais. Par un alignement de planètes, nous nous sommes retrouvés à faire équipe. Mais rien dans nos parcours diamétralement opposés ne nous prédestinait à nous rencontrer. Pas un hasard si notre premier pilote d'émission s'appelle « Musicalement vôtre ».

Notre idée consiste à se faire rencontrer deux artistes, un rappeur et un chanteur de variétés ou sportif ou comédien. Avec un soin précautionneux accordé au choix des deux invités, au lieu de leur rencontre, à leurs sujets de discussion. Notre projet sous le bras, nous toquons à la porte des boîtes de production de Sébastien Cauet, Thierry Ardisson et des autres pontes de la télévision française, mais personne n'y croit vraiment. Nous sommes en 2006 et le rap navigue entre deux eaux. Certes, ce n'est plus une sous-culture un peu à la marge comme à mon époque, mais ce n'est pas un art à part entière. Il ne faut pas non plus abuser, pensent ces producteurs qui se croient à la page, mais ont déjà trois trains de retard. Il faut essuyer leurs refus teintés de condescendance. Regardez-les, ces deux-là, ils sont complètement fous. Mais oui, bien sûr, le rap et la variété, et puis quoi encore ? Des rappeurs qui chantent ? Ils avaient un sacré flair, à l'époque...

Tant pis, pas besoin d'eux, nos vies nous ont appris à nous débrouiller seuls et à faire avec les moyens du bord. Alors on y va, on décide de tourner un pilote. De fil en aiguille, on convainc Amel Bent et La Fouine de nous suivre dans cette aventure. Ils le font pour Valérie. Ils la respectent, sont trop reconnaissants et admiratifs de son travail et de la force qu'elle leur a donnée à leurs débuts pour lui refuser quoi que ce soit. Le tournage a lieu au Réservoir, un bar du 11e arrondissement de Paris. Pendant toute la durée de l'émission, des musiciens jouent un fond sonore peaufiné par Valérie. Pour donner corps à sa vision, Valou multiplie ses forces par dix. La musique ne doit pas perturber le déroulement de l'interview, mais par touches délicates et sensibles, elle doit les interpeller, comme une pichenette, les renvoyer à des souvenirs intimes, les inviter à chanter à leur tour. Cela n'a l'air de rien, mais c'est un travail de chef d'orchestre, qui repose sur une minutie infinie. L'émission avance, la tracklist aussi. Soudain, Amel Bent ouvre grand les yeux, se met à fredonner. « Ouah, j'adore cette chanson ! » Et c'est dans la boîte, tout coule avec fluidité. Le pilote tourné, nous repartons en quête de validation de la part des producteurs. Ils ne donneront jamais suite, mais, plus tard, l'un d'eux lancera une émission avec quelques similitudes. Coïncidence...

Une par une, les portes se claquent. C'est bon, j'ai compris : c'est le business, mais tu te fais avoir une fois, mais pas deux. Grâce à Valérie, on trouve un plan pour louer une chambre dans le 16e arrondissement de Paris. Attention, pas tout un appartement, non juste une chambre, tout au fond, qu'on aménage en bureau. Pratique, même si, en arrivant ici, les gens pensent qu'on est blindés, alors que pas du tout. On s'occupe des projets, elle de l'artistique, j'agis sur l'aspect humain. Bref, on gère. Les débuts sont rudes, l'avenir est incertain. Mais peu importe, pour la première fois de ma vie, j'ai un bureau, des rendez-vous, un avenir qui se dessine...

S'il n'est pas encore à son apogée, le rap a passé un cap, culturellement mais aussi économiquement. De mon côté, je n'ai suivi cette évolution qu'en pointillé. À mon époque, ceux qui parvenaient à bien en vivre se comptaient sur les doigts de la main. Maintenant, le rap rapporte de l'argent, beaucoup d'argent. Alors, comment ancrer cela dans la tête des fans et du grand public ? Nouvelle étincelle dans les yeux de mon associée. Stop les émissions en mode « yo-mon-pote » filmées à l'arrache avec des fonds dégueu et des serviettes sales accrochées au mur. C'est terminé. Vous savez quoi : on sort le Hummer limousine de dix mètres de long, on s'habille classe et on va faire nos interviews en *cruisant* dans Paris. On vient de tellement loin et on a réussi. C'est un truc de revanche sociale. On est des nouveaux riches ? On est des nouveaux riches. Nom du projet : « Dix minutes avec... » Titre trompeur, l'émission dure vingt-six minutes, mais c'est un clin d'œil : quand on n'arrive plus à partir d'un endroit où on passe un bon moment, on s'éternise en prévenant ceux qui nous attendent qu'on arrive dans dix minutes. Chauffeur, roulez encore un peu.

Sur Internet, on trouve un loueur de Hummer, au fin fond de l'Île-de-France. Avant d'aller voir les chaînes, on décide cette fois de réaliser un teaser. Hop, un aller-retour chez le loueur de Hummer, pour filmer les longues cylindrées de cet homme, plutôt le genre à organiser des enterrements de vies de jeunes filles. Pour mettre l'eau à la bouche des diffuseurs, il nous faudrait un artiste, un gros nom. Ça tombe bien, LL Cool J est de passage à Paris. Sans attendre, on fonce dans le hall d'un hôtel de luxe des beaux quartiers. On attend, on attend, on attend. Le rappeur du Queens, New York, finit par sortir d'un ascenseur. Le regard de LL Cool J croise celui de Valou, l'air de la reconnaître. Quelques années plus tôt, elle l'avait effectivement interviewé. De retour aux États-Unis, LL Cool J aurait confié à son producteur, Lyon Cohen du label Def Jam, qu'il s'agissait de l'un de ses meilleurs entretiens, et Valérie avait reçu un coup de fil de félicitations de la maison de disques. Classe. Entre l'ascenseur et la porte d'entrée, elle lui explique le concept de l'émission. Pas de problème, on filme pendant que l'homme derrière « *I'm Bad, I Can't Live Without My Radio* », et « *Mama Said Knock You Out* » nous lâche une dédicace simple et efficace : « *Ten minutes with Valou !* »

C'est reparti pour un tour. De nouveau, on démarche les chaînes de télévision. L'une d'elles, Zik', une chaîne du groupe AB Productions qui ne passe que des clips de rap indé à petit budget, est intéressée, mais n'a pas beaucoup de moyens, et ne peut pas vraiment nous donner de chiffres d'audience. Ils nous proposent seulement la diffusion. Pas grave, on va chercher nous-mêmes nos annonceurs, on fait jouer nos contacts, on fait participer des gens bénévolement, des cadreurs, des maquilleuses, persuadés qu'on va réussir à mettre le rap à la télé. C'est dur, mais on lâche rien, on a les crocs. Très bien, l'émission nous coûte plus cher que ce qu'on arrive à faire rentrer, alors je bricole un petit système : en tournant trois émissions à chaque enregistrement, on ne gagnera pas d'argent, mais on n'en perdra pas non plus. On part à la chasse aux annonceurs. On demande à notre ami Piero Battery, pionnier du gospel en France, de chanter « Dix minutes avec » pour notre générique à base de coupes de champagne, de limousine, de dollars, de platines vinyle, de bombes de peinture, de baffles et de microphone. On accroche des caméras à l'intérieur du Hummer, le temps de la location, on roule, et on enchaîne. Mac Tyer, la Mafia K'1 Fry, Stomy Bugsy, Mokobé, Sniper, Chamillionaire... Les rappeurs se succèdent. Un jour, on doit interviewer le rappeur californien The Game, adoubé par Dr. Dre et Jimmy Iovine, et certifié double disque de platine dès son premier album, *The Documentary*. La star montante du moment, la crème de la crème. Le rendez-vous est fixé dans une chambre d'hôtel où The Game – pas encore Game – reçoit les journalistes à la chaîne. Pas le temps de jouer selon nos règles, de monter dans un Hummer et de faire le tour de Paris. Pas de problème...

Dans le couloir, les journalistes piétinent la moquette épaisse, inquiets et craintifs. Ils s'engouffrent dans la suite et ressortent au bout de cinq minutes, livides. Un à un, The Game semble les manger et les recracher aussitôt. Devant nous, Olivier Cachin, un pionnier passé par *Rock&Folk*, *RADIKAL*, *L'Affiche*, après avoir diffusé les premiers reportages sur NTM, IAM ou Solaar dans l'émission « Rapline ». Il sait de quoi il parle quand il nous dit que The Game ne donne rien, fermé comme une huître. Comment va-t-on faire pour faire une émission de vingt-six minutes avec un rappeur qui expédie le travail ?

Au suivant, nous annonce une attachée de presse. C'est alors que Valérie entre en scène. Dans la suite, d'autres attachés de presse, et une certaine tension. Quand elle s'installe, Valérie explique le concept de l'émission, le Hummer, les dix minutes... « Ouais, OK, commence ton interview », lance le rappeur, nerveux et impatient. D'abord, Valérie lui sort une phrase en argot de Compton, le quartier d'origine de The Game, à Los Angeles. « *So you're a Compton blood Piru* » – le nom du gang dont il vient. Il n'était pas prêt. Une poignée de mots qui créent immédiatement un langage commun entre elle et lui. En une phrase, il comprend qu'elle connaît son taf, qu'elle a une connaissance de la culture afro-américaine sans commune mesure, qu'il a affaire à un être sincère et sensible, sans doute capable de le faire mieux connaître à son public. Soudain, l'énergie bascule. Il se redresse, sourit et se détend enfin. L'entretien avance. Au bout d'un long moment de conversation au fil duquel The Game glisse des infos qu'il n'a jamais livrées ailleurs, l'attachée de presse débarque pour couper court et passer à la suite. « Ferme cette porte, lâche-t-il, archi-virulent, j'ai pas fini ! » Quand l'interview s'achève, lui et elle parlent de Compton à Los Angeles, Valérie s'y était rendue quelques années plus tôt. Sourire de respect au coin des lèvres, The Game semble touché, satisfait de ses dix minutes avec Valou.

Des années plus tard, lors de nos tournées au Maghreb ou au Canada, nous ne pourrons que constater l'impact que notre émission a eu dans le monde francophone. Lors d'un concert en Algérie, mon associée montera sur scène devant cinq mille personnes clamant son surnom : « Valou ! Valou ! » Mais, pour l'heure, nous naviguons à vue, sans rien savoir de nos audiences et de notre succès. Pendant cette première année de collaboration, nous ne gagnons pas d'argent, tout juste parvenons-nous à régler nos factures. Nous trouvons notre équilibre. Elle est dans la lumière, et moi dans l'ombre. Elle fonce, je temporise. Elle est un puits de savoir, mon rapport à la musique est plus organique. Je peux faire le médiateur, elle ne mâche pas ses mots. De nombreuses fois, j'ai ramassé des aigles blessés sur le chemin, et j'ai passé la pommade après son courroux. On se complète et je la regarde avec l'attention d'un gamin admiratif. Elle fouille, travaille, prépare, inlassablement, ne lâche rien. Ses interviews sont des plaidoiries. Elle a sa musique, précise et délicate, emmène ses interlocuteurs là où elle veut, sans jamais les brusquer, toujours juste, toujours fine. C'est rare dans ce milieu, si dur et impitoyable. Quiconque a croisé sa route, ou a pu l'observer à l'œuvre, en a gardé un solide souvenir. Sa force est source d'inspiration. L'un dans l'autre, nous puisons notre motivation pour ne pas baisser les bras, et continuer.

Pour le prochain épisode de « Dix minutes avec », Valérie veut inviter La Fouine. Le rappeur de Trappes vient de sortir son album *Aller-retour*. Son titre phare, « Reste en chien[3] », en featuring avec Booba, s'impose comme un signe de ralliement pour jeunes laissés-pour-compte :

J'voulais sortir en perm
le procureur m'a dit : reste en chien !
[...]
J'voulais taffer sans diplôme
et le gars m'a dit : reste en chien !
[...]
Si t'es un keuf, un huissier, un inspecteur
Reste en chien.

Seul problème, Zik' n'est pas le haut du panier en termes d'audience. Alors on nous refuse la demande d'interview. Pas de souci, elle lui envoie un message directement sur Myspace. « Je voulais que tu fasses mon émission, mais on m'a dit : Reste en chien ! » Bien vu. Il lui répond direct : « Comment ça ? Bien sûr que je vais la faire ton émission, elle est lourde. »

Le voilà dans le Hummer. L'entretien est profond, intense, précis, et plus encore. Il n'y a plus de masques, plus d'attitude. La Fouine redevient Laouni Mouhid. Du grand Valou. À vrai dire, elle est bouleversée par une chanson dédiée à la mère décédée de Laouni, intitulée « Je regarde là-haut ». Elle livre sa sincérité, et les autres n'ont qu'une envie, la lui rendre. Après le tournage, il nous invite tous les deux à l'un de ses concerts.

Un mois plus tard, nous sommes au Trabendo, une petite salle de concert plantée dans le parc de la Villette, dans le 19e arrondissement de Paris. Capacité : 700 personnes. Le jour du concert de La Fouine, nous sommes loin du compte, à peine 450 spectateurs, avec de larges espaces les uns entre les autres. C'est son deuxième album, mais quand même. Sur la scène, Valérie repère un drap noir recouvrant le matériel du groupe de la veille. Le drap restera là pendant toute la durée du concert. Pour Valou, ça ne passe pas, mais alors pas du tout : « Je vais à un concert, et il y a un drap noir sur la scène, d'où ? » Atterrée, elle bout et marmonne, en boucle : « Ce drap, mais c'est quoi ce drap ? » Le drap, le drap, le drap. Le concert se termine. Perso, j'ai passé un bon moment, Valérie a trouvé Laouni énorme, mais la scénographie pas à la hauteur du bonhomme. Un silence. Une graine germe dans sa tête. Comme une évidence, elle me demande : « T'es chaud pour qu'on lui produise un concert ? » Tourneur, producteur, managers... j'y connais rien, je ne sais pas comment ça marche, mais je suis le mouvement. La Fouine sort de scène. Dans les coulisses, on le retrouve. « Tu veux pas qu'on te produise un concert ? » lui demande-t-elle. Ses producteurs sont médusés, ils nous prennent pour un superbe duo de mythomanes. Encore une fois, Valérie tape juste, évoque la référence qui fait immédiatement mouche dans la tête du rappeur des Yvelines : Jacques Brel. La Fouine est séduit mais il faut encore convaincre son équipe. Allez, pas de problème. Valou appelle l'Olympia. C'est non. Il faut montrer patte blanche. Faites vos classes et revenez nous voir, répondent-ils. Alors on cherche un autre lieu dans le genre théâtre à l'italienne. Cinq jours passent, peut-être six, mais certainement pas sept. « Allô Michel, pose Valérie, on fait le concert à la Cigale le 22 mars 2008, les places seront en vente demain. » Nous sommes en décembre 2007, nous avons trois mois pour remplir la Cigale.

Volée de bois vert de la part du petit milieu des producteurs parisiens. Mais vous allez vous planter avec cet artiste qui ne remplit pas ! Mais vous vous rendez compte de l'argent que vous allez perdre dans l'histoire. Mais vous faites n'importe quoi. Mais vous êtes fou ? Oh oui. Toujours, les gens essaient de nous décourager... À leur décharge, l'équation est complexe, le pari risqué : un rappeur en fin de promotion d'un album, qui a fait à peine 400 préventes au Trabendo, doit maintenant remplir 1 280 sièges en à peine trois mois. Petit détail : nous y allons sans filet, avec nos tripes et notre argent, Valérie est même prête à prendre de gros risques financiers pour que ce concert voie le jour. *Show must go on,* vraiment.

2 heures du matin. Mon téléphone sonne. Au bout du fil, Valou, agitée par la perspective d'une nuit sans

sommeil. Au programme, une virée à Trappes pour coller des affiches pour le concert de La Fouine, sans autorisation. On prend la petite 205 blanche, on embarque un seau, de la colle, des pinceaux et des affiches dans le coffre. Mission : informer le 78. On colle, on colle, on colle. Soudain, une voiture de police surgit dans la nuit. Vite, à couvert. Quand la voie se dégage, on reprend notre affaire jusqu'au petit matin. Il faut aller plus loin, faire plus de bruit et recouvrir les murs de la capitale. Mais pour coller sur Paris, il faut des autorisations, respecter les espaces dédiés, ou se prendre une grosse amende. Je demande à la maison de disques si elle me suit : c'est leur artiste, il ne faut pas qu'ils se tapent la honte à cause de deux fous furieux investis d'une mission, ils acceptent de payer les amendes. Parfait, on défonce Paris.

Complet. Le jour du concert, la Cigale déborde, aucun espace pour circuler, la chaleur monte en pression. « Quand je dis Za, vous dites Ho ! » lance DJ MCB, et la foule reprend, alors que Zaho débarque sur scène. Son énergie emporte tout le monde. La suite est une dinguerie sans nom. Le concert commence par un court-métrage réalisé par nos soins et intitulé *Ride or Die*, façon *Up In Smoke Tour*. Le pitch : avant son concert à la Cigale, Booba prévient La Fouine, la police le recherche et arrive pour l'arrêter, pour une histoire de sac en cuir rempli d'on ne sait quoi. S'ensuit une course-poursuite jusqu'à la Cigale, au cours de laquelle j'interprète moi-même un policier. Au bout de huit minutes, La Fouine rentre à la Cigale en bécane. Fin du court-métrage et le rappeur arrive sur la scène comme sorti de l'écran. Dans le sac, des figurines à son effigie qu'il jette dans le public. La foule est en délire. Dans l'euphorie, il lance même le sac dans le public. C'était un beau sac en cuir. D'ailleurs, si la personne qui l'a récupéré lit ces lignes, j'aimerais bien le récupérer...

Fait suffisamment rare dans les concerts de rap des années 2000 pour être souligné, un pianiste occupe la scène avec la tête d'affiche. À deux reprises, La Fouine change de costume et arrive en costard cravate, face à un pied de micro, façon Jacques Brel. Les Twins, futur duo de danseurs de Beyoncé, se donnent à fond dans leurs chorégraphies. Vers la fin d'une chanson, leurs deux corps forment un siège sur lequel s'assied La Fouine. Le groupe Sniper débarque sur scène et Booba vient même pour interpréter « Reste en chien ». La foule est en délire. Un membre des Yamakasi se suspend au bord du balcon, fait un salto arrière et atterrit sur la scène. Un show à l'américaine, le meilleur concert de La Fouine, une dingue-rie. Ainsi naît notre activité de tourneurs.

Personne n'y croyait. Qu'on se le dise : dans ce milieu, tout le monde veut gagner de l'argent. À cet égard, est arrivé au rap ce qui est arrivé au jazz bien avant lui. D'un art ancré dans une certaine histoire socio-culturelle, il a été rattrapé par le capitalisme. C'est normal, cela permet à une musique de sortir de ses carcans pour gagner le grand public. Mais parmi ces hommes de chiffres, rares sont ceux habités par le même feu que nous. Nous, on était les cons à qui rien n'importait plus au monde que d'arriver à monter un show digne de ce nom. On était passionnés, mus par notre amour lointain, intense et profond pour cet art.

En France, à la fin des années 2000, deux mondes se rencontrent, et s'entrechoquent. D'un côté, celui de l'argent, et de l'autre, le nôtre, celui des amoureux de rap de la première heure. Investisseurs et mélomanes fans de rap avancent dans un pas de deux. Il arrive que les choses tournent au mauvais ménage. On en fera souvent l'expérience, ici comme à d'autres occasions.

Entre nous et La Fouine se noue une confiance dans le silence. La Cigale est un succès. Il a déjà la tête dans l'après. Il commence à parler de son troisième album, en préparation, nous confie vouloir aller plus loin dans le chant, et Valou l'encourage dans cette direction, elle le pousse à fond là-dedans, même. Un rappel, à l'époque, les rappeurs chantent peu, voire pas du tout. À croire qu'elle a un temps d'avance et sait lire l'avenir. Un jour, il nous fait écouter un morceau dont il ne sait quoi penser. Il hésite à le jeter à la poubelle. Quand Valou l'entend au milieu de la nuit, au cœur d'une longue session de travail, elle bondit : « Si tu t'en débarrasses, je m'en vais... » Nom du titre en question : « Du ferme ». Oui, le futur hit de La Fouine. Dans la continuité de notre travail sur les émissions, on commence à produire des clips. Suite logique, on lui propose d'en réaliser un, puis un deuxième, puis un troisième. On imagine et réalise même sa première Web-série, une embarquée dans le quotidien et l'équipe d'un rappeur, à l'image de notre série US culte *Entourage*. Celle-ci sort sur Dailymotion – on est en 2009 et, à l'époque, Netflix loue des DVD aux États-Unis. Une série documentaire avant l'heure qu'on appelle *Lourd de fou*.

Avec le carton de son troisième album, *Mes Repères*, on s'occupe des concerts et des show-cases. Après la Cigale, on retoque à la porte de l'Olympia. Depuis, nous avons fait nos preuves, ils nous ont adoubé dans leurs cercles.

Nous peaufinons, pour l'affiche, un montage à partir d'une photo sur laquelle il apparaît en costard, devant un pied de micro, en digne héritier de Jacques Brel. Malgré notre succès, nouvelle levée de boucliers. Quand on présente l'affiche, le directeur des programmes d'un gros média français rentre dans ses plus grandes colères. Nouveau mail de la maison de disques. Urgent, il faut changer l'affiche. « Ne le mettez pas en costume, vous allez perdre les gens », nous répète-t-on. Ils ont besoin de contrôler ce qui se passe, et nous le font comprendre avec leurs grands sourires et leurs boucles de mails passives-agressives. Commence à se dessiner un conflit larvé. C'est pas grave, on avance, on garde l'affiche.

Des choristes sur scène et des guests de renom comme Amel Bent et Soprano… l'Olympia est un succès. Les gens en redemandent. Ainsi démarre une tournée mémorable.

Dans toute la France, nous laissons des souvenirs derrière nous. Toulouse, une date magnifique, gravée dans mon esprit, si intense que les potes de La Fouine débarquent sur scène pour kiffer le moment avec lui. Je leur demande de descendre. Valou ne tient pas en place. Quand les gens paient pour voir un spectacle, ils veulent voir l'artiste, pas les « homeboys » qui s'agitent derrière. Mais ils ne veulent pas descendre, ils sont déjà bien éméchés. Où est Valou ? À l'autre bout de la scène, je la vois prendre un tabouret et tenter de chasser les potes un à un. Là, un mec l'attrape par les cheveux. Mon pote, je tape un sprint. D'autres personnes sont obligées de me retenir. Personne ne touche à mon associée. On a un peu imposé une direction artistique, une scénographie et un certain sérieux qui ont fait passer un cap professionnel à l'artiste. Sans vouloir trop m'avancer, je dirais qu'il y a eu La Fouine avant et après Mazava.

Lors d'un show-case à Rouen, nous mesurons ce changement de dimension. Ce soir-là, un agent de sécurité va voir le manager de La Fouine, qui me montre du doigt. L'agent me dit qu'il y a des invités dehors. Normal, pas de quoi s'exciter. Non, je n'ai pas compris. Les yeux exorbités, l'agent me répète : il y a *beaucoup* d'invités dehors. Très bien, je le suis dans la rue. Devant moi, des centaines de personnes et des voitures alignées dans la rue à perte de vue, je ne saurais même pas dire combien.

« C'est quoi ça ? je demande pour moi-même.

– C'est les invités... »

Beaucoup de potes de Trappes se sont déplacés. J'ai pu faire rentrer quarante d'entre eux, au lieu de dix. Bonne chance pour le reste de la soirée, mais on apprend à gérer l'urgence. Une école à la dure, on tient bon.

Au vrai, La Fouine atteint les sommets. La tournée prend une dimension mondiale. Direction les États-Unis. Un soir à New York, le lendemain à distribuer des flyers sur une plage de Miami pour un concert le soir même. Nous sommes sans doute parmi les premiers indépendants à y organiser des concerts de rap français. Direction le Bénin, le Mali, l'Algérie... nous parcourons l'Afrique. Drôle de vie, où on a à peine le temps de visiter les lieux, il faut déjà repartir ailleurs. Tous les soirs, des milliers, voire des dizaines de milliers de spectateurs hurlent son nom avec une ferveur qui nous paraissait « inimaginable » pour un rappeur des Yvelines, vingt ans auparavant. Pour la première fois de ma vie, je visite des pays où je n'aurais jamais imaginé mettre les pieds. À Djibouti, on est reçu par la présidence. Derrière une enceinte aux airs de forteresse, on découvre des magasins de luxe, hôtels, restaurants, boîtes de nuit, une ville dans la ville, réservée aux privilégiés. Je séjourne dans de grands hôtels, la literie est incroyable. Mes potes kiffent sans retenue. Mais impossible pour moi de profiter de tout ça avec la même intensité qu'eux... Les piscines, j'y vais pas. Le jacuzzi, j'y vais pas. Je regrette presque de ne pas réussir à en profiter autant que les autres. Après tout, je suis là pour bosser, il n'y a pas lieu de se croire en vacances. Et quand j'ai un aperçu de la pauvreté qui ronge certains quartiers de ces pays, je trouve ça presque inconvenant. Au vrai, je porte en moi cette pudeur qui remonte à loin et qui fait que je ne suis jamais à l'aise dans un faste trop ostentatoire. Sans arrêt, je me dis que je ne suis pas à ma place. Difficile pour moi de jouir futilement de tout ce confort avec mon passé pour seul bagage.

Entre les clips, les concerts et les show-cases, nous avançons comme des funambules. Si impliqués que le public peut nous suivre dans la Web-série *Fouiny Story*, le petit frère de *Lourd de fou*. Avec Banlieue Sale, le label de La Fouine, on organise même la tournée Capitale du Crime 3. Première tournée multi-artistes organisée par des indépendants. En effet, nous mettons sur scène pour la première fois ensemble La Fouine, Canardo, M.A.S., Fababy, Kamelancien et Sultan, avec DJ Battle en chef d'orchestre. Juste avant un concert à Bordeaux, une fan, une jeune femme de vingt-cinq ans, nous attend à la sortie du tour-bus et nous tend des portraits de nous tous qu'elle a peints elle-même. Ça fait drôle... mais la petite tribu que nous formons commence à déranger. Les prérogatives des uns et des autres s'entrechoquent, et les initiatives que nous prenons génèrent parfois de l'hostilité. Un exemple : lors d'un événement, on rencontre le directeur de communication de Micromania. On parle, on parle, il est fan de rap, il nous apprécie. Bonne vibe. Alors on emmène La Fouine faire un petit tournoi chez Micromania. Là, un déclic : il y a des Micromania dans toute la France, pourquoi ne pas embarquer notre rappeur pour défier les geeks de toutes les boutiques de jeux vidéo de France ?

OK, c'est un peu tordu, mais tout le monde est partant. Sauf la maison de disques. Ils m'appellent. « Mais c'est à nous de gérer ça, pas à vous... » Naïvement, on travaille pour le bien de l'artiste, mais sans le savoir, on exacerbe les antagonismes. Et les ego finissent souvent par prendre le dessus. Un jour, ils nous cantonnent dans un coin. « À partir de maintenant, vous choisissez, annoncent-ils, c'est les concerts ou les show-cases. » Hors de question, on n'est pas à la carte. Ce sera tout ou rien. Et ce fut rien. Fin de notre collaboration avec La Fouine en 2012, peu de temps avant son embrouille avec Booba...

D'une chambre du 16e, nous sommes passés dans un bureau installé au-dessus d'un garage, du côté de Boulogne-Billancourt. Lieu différent, mêmes malentendus, les gens viennent nous voir pour réparer une voiture ou nous poser des questions sur les bolides garés juste en dessous. Malgré les déconvenues et les coups durs, nous continuons de tracer notre petit bout de chemin. On tourne des clips, on booke les concerts d'autres rappeurs comme Fababy ou Sultan. On travaille dans l'ombre, parfois en marque blanche, on œuvre au service des gens, en silence. Indépendants, comme des petits artisans. Pour nous, c'est important. On prend des risques, on fait des paris, et on mise notre argent. C'est risqué, c'est éreintant, mais c'est un état d'esprit qui colle à l'idée qu'on se fait de notre art, une manière de dire qu'on transpire ce qui l'a fait naître, émerger et exploser. Quand Valou est en studio avec des jeunes rappeurs d'aujourd'hui, elle peut bondir, tenter un truc derrière le micro, avec son instinct, sa science précise de la musique, son cœur et son cerveau qui transpirent cette passion. Une épingle à nourrice tombe dans le monde du Hip-Hop, on sait où elle se trouve, qui est la prochaine star à suivre, qui a du potentiel.

Les concerts s'enchaînent. En novembre 2015, on produit les shows de Young Thug, la star US de la trap, genre musical venu du sud des États-Unis, qui a conquis le monde au cours des années 2000. Le courant passe, il nous apprécie. Quand il se la raconte, je me plante face à lui et le fais redescendre avec autodérision : « *You know who I am ? I am Michel from Paris.* » Ça le fait rire. Maillot du PSG sur les épaules, Young Thug ramène Atlanta au Bataclan. Là encore, une dinguerie. Après son concert, nous l'emmenons faire un show-case dans une boîte au fin fond du Val-de-Marne. En arrivant, c'est la folie, les gens se montent les uns sur les autres pour l'approcher de près. Je mets en garde son équipe de sécurité. *I am Michel from Paris*, mais là c'est chaud. Ils me disent qu'ils ont l'habitude, mais ils ne savent pas où ils sont, et regardent la France comme une province des États-Unis. Young Thug descend un grand escalier. Des mains s'agrippent de partout. La sécurité est dépassée. Un mec lui arrache sa chaîne en or. Le reste de la nuit, l'Américain fera la gueule. *Sorry*... Me voilà lancé à la recherche de la chaîne perdue. Je récupère les images de la vidéosurveillance et je traque les voleurs dans le fin fond du Val-de-Marne. Un bout de la chaîne est dans telle cité, un autre bout dans l'autre, encore un bout dans une autre encore. Du n'importe quoi avec une désillusion à la clé : la chaîne était sans doute en toc...

Aujourd'hui, on n'a pas encore eu notre succès d'estime et populaire. De mon côté, j'aime produire, transmettre aux plus jeunes, partager ma passion qui vient de loin, les challenger, leur faire gagner du temps. Quand ils terminent, je leur demande ce qu'ils pensent de leur travail, avant même d'écouter. Je pense que l'artiste est le meilleur juge de son boulot, en tout cas dans un premier temps. Après, on peut parler. En tant que producteur, il faut savoir rester à sa place, être dans l'ombre, à l'écoute. C'est de l'accompagnement. On se paye en fonction de ce qui rentre. Il faut vraiment être passionné pour bosser comme on le fait et mettre nos propres deniers sur la table. Si je suis derrière un artiste, c'est que j'y crois. On est embarqué dans le même bateau. Si ça tangue pour l'un, c'est pareil pour l'autre, et c'est ce qui est beau. Certains artistes sont difficiles à gérer, surtout quand la folie des grandeurs frappe à la porte. Un week-end, on emmène des petits dans le Sud pour un tournage. On loue une voiture de sport pour le clip. Ils ont trouvé un moyen de l'emboutir. En 2015, on produit une artiste qui s'appelle Jessie K, une Française d'origine haïtienne, qui vient du gospel. Une voix magnifique. On fait ses clips, on monte des shows. Mais les autres nous disent : « Avec une chanteuse noire, vous n'y arriverez pas dans l'urbain... » C'était avant Aya Nakamura et Jessie K a fini par tourner la page, peut-être par manque de patience. « Une chanteuse noire, ça ne marchera pas... » Un peu plus tard, une erreur de casting dans nos signatures artistiques nous poussera à changer le nom de la boîte pour aller de l'avant. Nouvelle devanture : de Mazava, on passe à Black Gold. Quelques déconvenues, de défections aussi, au fil du temps, mais on avance, on reste debout.

Dans un monde de majors, où le rap draine désormais des revenus gigantesques, peut-on encore être indépendant, et survivre ? Bonne question. Avec 10 000 euros, on doit faire des clips que les autres font avec 30 000. Heureusement qu'on a des idées, parce qu'on vit ça à fond. Si on était sur la même ligne de départ, avec le même budget que les autres, ce serait une autre histoire. Il y a peu, l'artiste et ami Fianso nous a dit qu'on était trop humbles dans un monde où il faut communiquer sans arrêt sur ses victoires. Peut-être, je ne sais pas. Pas trop le temps de gamberger. On a signé Sienna, une jeune femme bluffante de talent. Elle est capable de danser, chanter, jouer la comédie et tout cela de façon remarquable. Elle a la tête sur les épaules, grâce à sa maman qui la suit et la soutient. Chaque fois que je la vois, son énergie débordante et son talent me boostent. Pareil avec Malty, un autre artiste plein d'énergie, de motivation et avec une mentale rare. Je crois en eux et en tous mes artistes, et eux croient en moi. Du moins, je l'espère. Artistiquement, nous formons une famille, c'est un état d'esprit qu'on ne retrouve pas partout.

Un morceau peut changer la vie d'un artiste, comme une rencontre peut changer la vie d'un homme. Une chose est sûre : sans Valérie, je ne serais jamais arrivé jusque-là. Sans elle, je n'aurais jamais tenu. Elle m'a prêté main-forte à de si nombreuses occasions. Depuis le début, elle veut mon bien. Elle m'a toujours aidé, m'a hébergé à des moments où je n'avais nulle part où aller, m'a tendu la main à des moments où je croyais n'avoir personne. De mon côté, j'ai foncé la voir à la maternité quand elle a accouché, j'ai peut-être été le premier à tenir son fils dans les bras. Quand elle est *down*, je la relève, et elle fait pareil avec moi. Toutes mes ex ont été jalouses de Valou. Pourtant, j'ai tout fait pour les rassurer, j'ai fait en sorte qu'elles s'appellent, qu'elles se rencontrent, pour montrer qu'il n'y avait rien d'équivoque. J'ai eu beaucoup de chance de croiser sa route. Il fallait ses convictions pour que j'arrive à ouvrir certaines portes, à me débarrasser de toutes ces barrières que j'avais dans la tête depuis si longtemps.

Encore aujourd'hui, si elle n'avait pas été là, je me serais probablement enterré dans le mutisme, en attendant ce jugement. Cette intrusion dévastatrice dans notre QG l'a aussi beaucoup ébranlée mais elle ne le montre pas. Elle doit supporter cette version abîmée de ma personne qui tente de reprendre pied. Moins patient, plus irascible. En vérité, ce qu'elle fait pour moi, personne d'autre n'aurait pu le faire. Aujourd'hui comme hier.

17

Le succès de la tournée Stars 80 va réveiller chez moi un vieux fantasme : pourquoi ne pas réunir à l'identique tous les rappeurs légendaires des années 1990 sur une même scène ? C'est un sacré serpent de mer, auquel nombre de producteurs ont déjà songé, avant de se casser les dents piteusement et d'abandonner. L'idée m'obsède, j'y repense, j'en parle à Valou, j'en parle à des potes. Un soir, mon ami DJ Battle et moi listons des noms, il me conforte dans mon ambition. Du côté des professionnels de la profession, toujours la même réaction. Mais oui bien sûr, trente rappeurs sur scène, le même jour ? Bon courage ! On connaît la musique. Quand je détaille mon rêve à Oxmo Puccino, il éclate de rire. « Vous n'y arriverez jamais, dit-il, mais si vous y arrivez, je serai là. » Mais plus on me dit que c'est impossible, plus on titille mon envie, plus j'ai envie de me jeter à corps perdu dans la bataille. Un projet fou pour passionnés de rap ? Aucune chance de réussite ? Y a-t-il un projet qui nous ressemble plus ? Quand je retourne vers Valou, elle n'hésite pas une seconde.

« Vas-y, lance-t-elle, viens, on le fait ! » On en est sûrs, ça fera date dans l'histoire du rap.

Nous sommes en 2017 et le rap a encore changé de dimension. Il a conquis le monde. Il est partout, tout le temps. Les codes ont volé en éclats, les frontières entre les genres ont disparu, aujourd'hui tout le monde rappe. En trente ans, notre art s'est imposé comme la musique de l'époque. Des rappeurs sont égéries pour des marques de vêtements. De PNL à Roméo Elvis, en passant par Hatik, Fianso, SCH ou Soso Maness, il y en a pour tous les goûts... Certains disent que le rap est à son apogée, et c'est vrai. Mais si les jeunes écoutent Koba LaD, MHD, ou Gims, savent-ils qui sont les pionniers de cet art ? Portés par notre passion et notre fierté, on tient plus que tout à rendre hommage à ses premiers artisans, ceux qui n'auraient jamais cru eux-mêmes que ce serait possible un jour.

Une petite recherche sur Internet, je tape « âge d'or du rap français ». De nombreux sites, forums et blogs dissertent sur ses meilleurs ambassadeurs. Vite, je vérifie si le nom est libre de droits. Feu vert. Hop, c'est bon, fermez la zone, on tient le nom de notre nouveau vaisseau amiral. Dans cette histoire, guère de place pour la demi-mesure. Pour sublimer l'art qui nous fait vibrer depuis trois décennies, il ne faut pas lésiner sur les moyens, surtout pas hésiter à voir les choses en grand. Soyons clairs : ce sera un karaoké géant à la gloire des premières heures du rap français, sinon rien.

La liste s'allonge à mesure qu'on se replonge dans les noms marquants de la période. Certains ont complètement disparu des circuits, ont changé de vie, laissant le rap loin derrière eux, et sont introuvables. D'autres continuent néanmoins à en vivre. Il faut appeler, aller les chercher loin au fin fond de l'Île-de-France et tenter de les convaincre, comme on propose à un boxeur de renfiler les gants pour un ultime combat. La plupart nous écoutent, intrigués, mais ont besoin de temps pour réfléchir, jamais ils n'auraient imaginé que leur passé de rappeur les convoquerait à nouveau. Il y en a qui rêvent de le faire, mais ont peur, ils n'ont jamais eu l'occasion de monter sur la scène d'un Zénith, devant des milliers de personnes. D'autres attendent de voir qui en sera. D'autres encore balayent notre proposition, jamais de la vie, pas avec eux, pas avec moi, et puis c'est du passé. Entre les guerres d'ego au sein des groupes, entre les groupes, les choses s'annoncent compliquées. Un exemple parle plus que tous les autres. Quand Valérie renoue le lien avec le rappeur Busta Flex, il est partant mais demande tout de suite qui sera là. Alors, lorsqu'elle évoque l'idée de ramener les quatre lascars du groupe Expression Direkt, il croit à une blague de mauvais goût.

« T'es pas sérieuse ? Tu te fous de ma gueule ?

— Bah si, il faut qu'ils soient là...

— Non, je ne peux pas monter avec Express-D, c'est pas possible. »

Petit rappel, il s'agit là d'une des inimitiés les plus marquantes de l'histoire du rap français. L'embrouille avait commencé en 1996. Invité dans l'émission de radio de Cut Killer, Busta Flex part en freestyle, excelle dans l'egotrip et irrite au passage pas mal de monde. Le 20 mars 1997, à Fougères, en Ille-et-Vilaine, une bagarre éclate en marge d'un concert, Busta se fait bien secouer. Un octogone sans règle... Un peu plus tard, l'histoire ira même jusqu'à la disparition curieuse d'un pitbull. La légende disait que c'était le sien, mais c'était celui de son pote. Dans le morceau « Pourquoi[4] ? », il est revenu sur cette affaire qui l'a amené à couper les ponts avec ceux qui ont pris la fuite au moment où il se faisait casser la gueule :

Le 20 mars 97 ça a bardé.
Les mêmes soi-disant amis dévoués
Pour être près de moi
Étaient loin de moi
Lorsque je criais : « Aidez-moi ! »

À l'évidence, c'était une plaie qu'il n'avait jamais refermée. Une blessure vieille de deux décennies ne se guérit pas comme ça. Comment pouvait-on oser lui demander de partager la scène avec eux ? Il accepte d'en être, mais sans Expression Direkt, jamais de la vie.

Deux mois plus tard, nous tenons notre meute aux airs d'*Avengers* du rap français : Assassin, Ärsenik, Busta Flex, Kery James, Sages Poètes de la rue, Monsieur R, 2 Bal, Ménélik, X-Men, Passi, Ministère Ämer, Nuttea, Rocca, Stomy Bugsy, Nèg' Marrons, et j'en passe... Trois morceaux chacun. Il arrive que ça aille au clash. Une chose est sûre : tout le monde avance avec le même objectif. Certains font des histoires, laissent parler leur ego, nous disent qu'ils préféreraient faire les choses comme ci, comme ça. Avec nos mots, on parvient à réveiller le professionnel en chacun d'eux, à imposer notre choix de morceaux réfléchi. Pour chaque rappeur, Valérie peaufine son tableau, la mise en scène et les symboles inscrivant les histoires des artistes dans la grande histoire du rap.

Car s'il suffisait de jeter vingt vedettes sur scène pour faire un spectacle marquant, cela se saurait. Recette simple, tout le monde la répéterait à l'infini, jusqu'à la nausée. Non, nous voyons plus grand que cela : cette tournée sera l'occasion pour nous de raconter toute l'histoire de notre art. Nous pensons alors à un fil conducteur qui courra sur toute la durée du concert : entre chaque groupe, une courte vidéo sera diffusée, on y verra un jeune adolescent se promener sur les lieux marquants de l'histoire du rap français, et rencontrer les rappeurs, comme un pèlerinage, ou un récit d'apprentissage, narré par notre marraine du rap game.

Certains artistes sont prêts, affûtés pour le combat, comme si cela faisait des années qu'ils avaient pris rendez-vous pour ce moment. Une énergie nous électrise tous, galvanisés, nous sommes tous aspirés par ce projet plus grand que nos individualités. L'âge d'or n'est pas une histoire de personnes, de carrière ou d'ego, mais un rare moment de communion entre une époque, une histoire de la musique et son public.

On avance et on parvient à monter une première date au Casino de Paris. IAM nous bénit de sa présence, Oxmo Puccino interprète, pour la première fois sur scène, « Le Jour où tu partiras » avec la queen K-Reen, Assia est parmi nous. Dans le public, des quadras, des ados, des jeunes, un vrai spectacle familial. Mais il y aussi des professionnels et notamment Éric, qui dirige sa boîte de production de spectacles, Yuma. Enthousiasmé par le show du Casino de Paris, Éric nous proposera son aide administrative pour lancer la tournée. Hasard du destin, le groupe de rap dont il faisait partie plus jeune avait également été chroniqué par Valou dans *RADIKAL*. Au bout de six heures de show, le public en redemande. À la fin du concert, Stomy B. nous fait monter sur scène pour nous applaudir, mais émet un léger bémol aux airs de challenge : « Mon seul regret, c'est qu'Expression Direkt ne soit pas là... » Sacré Stomy, taquin, mais toujours bienveillant et de bon conseil. La marche nous paraissait un peu trop haute cette fois.

Allez, on se lance. Le groupe n'existe plus, Delta, Kertra, Le T.I.N. et Weedy sont séparés depuis des années. Dix ans qu'ils ne sont pas montés sur scène, peut-être quinze. Il faut tout recoller, les quatre rappeurs ne se parlent plus, ne se voient plus. Dans les tréfonds de ses carnets d'adresses, Valérie retrouve le numéro de Kertra. Quand elle l'appelle, il croit rêver. Ils ne se sont pas parlé depuis 1998, mais c'est comme s'ils s'étaient vus la veille. Kertra lui confie : la musique, c'est derrière, maintenant, il s'occupe des enfants. Valou détaille sa vision, elle sait trouver les mots justes pour ressusciter le rappeur. Pour elle, et rien que pour elle, il est chaud, mais même avec la meilleure volonté du monde, il ne voit pas quoi lui répondre : il a bien quelques nouvelles de deux autres membres du groupe, mais l'un d'eux, Delta, manque à l'appel, disparu depuis tant d'années. C'est simple, c'est vous quatre ou rien, insiste Valérie, on fait pas les choses à moitié. Il faut marquer l'histoire. Bon, il va voir ce qu'il peut faire, mais c'est bien parce que c'est Valou. Quelques jours plus tard, il rappelle. Les quatre fantastiques de Mantes-la-Jolie ont fini par se retrouver devant l'immeuble de Delta. Ils l'ont appelé, ils l'ont fait descendre, ils ont discuté, ont ressassé le passé, et pris leur décision : c'est bon pour eux. Un peu plus tard, nous partons les chercher sur le tournage d'un clip de Kery James et les ramenons au bureau. Ah ! dernière chose, avant de signer : de notre côté, on voudrait qu'ils montent sur scène aux côtés de Busta Flex. Pardon ? En parallèle, on a convaincu le rappeur d'Épinay-sur-Seine. Du temps a passé. Busta se dit prêt à panser la blessure, en pardonnant et en montant sur scène avec ses ennemis d'antan. Il est en route, il sera bientôt dans nos locaux. Oui, on a pris des risques.

Dans son bureau, Valérie reçoit les membres d'Expression Direkt. Ils rattrapent le temps perdu. Elle les convainc : de l'eau a coulé sous les ponts, nous sommes tous des adultes, il est l'heure de tourner la page, ils sont d'accord. Ça tombe bien, Busta est juste devant la porte. Les quatre rappeurs se regardent. Finalement, Kertra prend les choses en main et descend. Nous attendons à l'étage du studio, sans savoir ce qu'il se dit en bas. Quinze minutes plus tard, Delta et Busta Flex arrivent dans le bureau de Valou. Tout le monde se checke, avec une complicité qu'on croirait venue de loin, la hache de guerre est enterrée.

Le 3 mars 2017 a lieu la première date de la tournée, au Zénith de Clermont-Ferrand. Une catastrophe industrielle, on ne va pas se mentir. Il y avait si peu de monde qu'il a fallu ruser pour faire en sorte que la salle paraisse un peu plus remplie. En vérité, les gens croyaient si peu en cette réunion de famille qu'ils attendaient de savoir si la première date aurait lieu avant de prendre leurs billets. Résultat : plus de 50 000 euros de pertes, dès le premier soir. Quand les artistes sortent de scène, je leur montre mon plus grand sourire. Je suis content, je suis fier de l'avoir fait, mais j'ai chaud, très chaud. La tournée commence à peine et je suis déjà sur les rotules, et en déficit, super... Cerise sur le gâteau, après le concert, les artistes font la fête un peu trop... Les failles voire les névroses des uns et des autres ressortent. Le reste de la nuit vire au cirque. Ambiance *Very Bad Trip*. Une fois que tout le monde est assommé de fatigue, on monte dans le tour-bus, et on dort.

Quelques dates plus tard, j'improvise une réunion, décidé à leur parler avec mes tripes. Dans les coulisses, je les convoque tous en même temps. Voilà, les premières dates étaient super, j'espère que vous êtes contents... Maintenant, passons aux choses qui fâchent. Là, ça va pas le faire, vraiment pas. Soit on fait la tournée, soit vous allez en club faire la fête, mais on fera pas les deux. « Toi, tu sais ce que t'as fait hier ? Et toi, tu te rappelles ce que t'as dit ? Et toi, là-bas ! Il y a des enfants qui viennent vous voir, je leur dis d'une voix calme et posée, malgré ma colère. Celui qui n'est pas sérieux, on arrête avec lui et on lui rendra hommage, comme pour les absents. » Sévère mais posé, avec beaucoup de respect, j'ai appuyé là où il fallait, je pense. C'est ce qui me fait drôle aujourd'hui, où j'ai du mal à trouver les mots justes.

À leur regard d'enfants honteux d'avoir été pris en train de faire une connerie, je comprends immédiatement que les affres du succès n'ont pas laissé que de bons souvenirs. Après leur succès, certains ont sans doute dilapidé leur oseille, brûlé la vie par les deux bouts... Leur confiance est parfois carbonisée par des années de doute. Ils ont cassé des portes, essuyé les plâtres, des années avant qu'un rappeur puisse devenir millionnaire. L'après a parfois été plus sinueux que je ne l'imaginais, même si certains s'en sortent encore très bien. Chaque matin, pendant deux heures, on va faire du sport, on court, on fait des pompes, des abdos, des étirements. Certains étaient déjà à fond dedans bien avant que j'intervienne.

La tournée trouve son rythme de croisière. Cela ne devrait plus me surprendre, mais Valérie prend les choses en main et s'impose comme le véritable chef d'orchestre de la troupe, aussi à l'aise en régie que dans les coulisses. Un monstre qui gère les enchaînements, les transitions mieux que personne. En deux jours, elle apprend le langage des régisseurs, maîtrise leur jargon et sait les guider pour donner corps à sa vision. Tout est minuté, millimétré. Quand Busta Flex crie « Aidez-moi ! », les lumières de la salle s'éteignent, on coupe le son. Un orage éclate sur un écran géant, symbolisant le chaos, la querelle. Un court moment, juste pour faire monter la pression, laisser le public prendre son souffle. Puis, quatre faisceaux éclairent les membres d'Expression Direkt, comme des ombres chinoises. Noir à nouveau. Une lumière sur Busta. Noir. Lumières sur Express D. Noir. Busta. Boum. La salle se rallume. Tous les soirs, les mêmes frissons, les mêmes applaudissements qui ne s'arrêtent jamais et les mêmes larmes dans les yeux des spectateurs.

Hanté par quelques vieux démons, je me tiens à distance de la foule. En revanche, je finis par trouver un rituel qui me satisfait pleinement. À chaque fin de concert, je me positionne à quelques pas de la sortie et je laisse les vagues de spectateurs qui quittent la salle me submerger. J'entends leurs premiers retours, lorsque l'émotion est encore à son comble. Je me remplis des exclamations, des soupirs, des éclats de rire. Un petit kiffe égoïste mais tellement gratifiant.

Deux tour-bus, des semi-remorques, une vingtaine de dates, et on termine à Bercy. De 19 h 30 à 1 heure du matin, la salle se transforme en karaoké géant, avec ses moments de grâce : ce soir-là, au merchandising, un gamin de sept ans venu avec son grand frère rappe un couplet d'Assassin en intégralité. La preuve de l'impact de cet âge d'or sur les générations futures. Appelée par les rappeurs, Valou monte sur scène à la fin du concert, rejointe par ses enfants les bras remplis de fleurs, acclamée par les connaisseurs de la première heure, une reconnaissance venue de loin. Après la captation et la diffusion du concert à la télévision, nous décidons de faire une compilation, devenue disque d'or. Pari réussi.

Un temps sous contrôle, les ego ont fini par prendre le pas sur le reste. Certains commencent à être persuadés de valoir mieux que cela, que nous nous sommes rempli les poches sur leur dos. Rien de tel. On a juste réouvert des portes et prouvé au monde que leur talent artistique n'avait pas pris une ride, ni plus ni moins. En vrai, monter cette tournée m'en a appris beaucoup sur les vedettes de ma jeunesse, le temps qui passe, la dimension éphémère de toute chose. Comme beaucoup d'artistes, de peintres, de philosophes, certains restent et demeurent de grands écorchés vifs. Et puis, le côté générationnel n'arrange rien. Eux n'ont pas eu cette respectabilité à l'époque dont le Hip-Hop jouit aujourd'hui. Cela fait parfois une différence assez nette au moment où s'annonce la transition vers l'après. Le succès les a foudroyés, puis a été leur malédiction. Ils ont vécu un grand écart social, des montagnes russes dont peu ressortent indemnes. La tournée leur a permis de panser quelques blessures, pas toutes. L'un d'eux n'avait jamais dit à ses gamins qu'il avait été rappeur, tant cela semblait appartenir à une vie autre que la sienne. Imaginez leur bonheur de rapper devant leurs enfants et des milliers de personnes criant leur nom, comme pour leur prouver que tout cela a bien existé et qu'ils ont été les bâtisseurs d'un genre musical, d'une culture. Aujourd'hui, je ressasse ces souvenirs qui me ramènent à un moment de partage et de joie intense. Ils m'aident à tenir bon. Pour l'heure, je ne peux pas travailler. Mais pour garder le cap et voir un horizon, je me projette dans mon prochain chantier : L'âge d'or du rap français Saison 2.

18

Après le garage de Boulogne, nous avons investi dans les locaux d'une vieille boutique de prêt-à-porter, plantée dans le 17e arrondissement de Paris. Au sous-sol, du béton mal coulé. L'escalier, les murs, l'aération... il a fallu tout refaire pour transformer l'espace cave en studio de musique. Il a fallu tout isoler pour ne pas déranger les voisins. De longs travaux, intenses et éreintants, financés avec nos deniers acquis à la sueur de nos fronts, se sont étirés sur un an. Pour créer notre cocon, petit mais fonctionnel, on a fait appel à tous ceux qu'on a croisés sur notre chemin. C'est aussi ça, l'esprit Hip-Hop. Par exemple, aux murs, on a suspendu des portraits de rappeurs peints par la fille de Bordeaux rencontrée au détour d'un concert. Chez nous, tu sens un état d'esprit, une passion, une certaine vibe. Avec nos règles : dans le studio d'enregistrement, on ne parle que de musique, de rien d'autre. On a fabriqué notre univers. On a construit notre maison.

Une fois que tout est réglé, je voyais un dernier détail à peaufiner : j'ai voulu mettre des caméras à l'entrée.

Valérie était plutôt contre, elle ne voyait pas l'intérêt, trouvait ça un peu oppressant. J'ai insisté. Un pote qui travaille dans la sécurité, Nabil, a fini par nous les installer. Je voulais savoir qui entre et qui sort, pas de mensonges possibles. Et puis, ça me paraissait normal.

Quand je repense au chemin parcouru depuis Bagneux, ça me paraît parfois vertigineux. Normalement, je devrais être fier. Je le suis, attention, mais ma pudeur me rattrape toujours et finit souvent par prendre le dessus. Grâce à ma passion, à mon travail, aux bonnes rencontres, j'ai pu me réaliser et changer de vie. Le rap a tant changé depuis nos débuts. Certes, chaque fois, nous avons su prendre la vague de ses évolutions, trimer pour suivre la cadence, mais qui aurait pu prévoir qu'il deviendrait un art si majeur ? Nous n'avons pas ménagé nos efforts, nous nous sommes battus pour exister et tenir dans un milieu chaque jour un peu plus concurrentiel. Y a-t-il du mérite, là-dedans ? Sans doute, mais pas seulement... Selon un rapport de l'OCDE publié en 2018, il faudrait cinq générations pour qu'un descendant de famille pauvre réussisse à gagner l'équivalent du revenu moyen de son pays. Dire que l'ascenseur social est en panne est un doux euphémisme.

Je vis encore entre deux mondes, entre la banlieue et les beaux quartiers, entre le milieu d'où je viens et celui qui m'a accueilli professionnellement. Il y a quelques années, je vais à Bagneux, habillé avec un blazer, parce que je sors d'un rendez-vous. Je m'adresse à un jeune, et là il me regarde de travers.

« Pourquoi tu parles bizarrement ?

– Quoi ?

– Bah je sais pas wesh, tu parles bizarrement ! »

D'abord, je ne comprends pas, et ça m'agace un peu. Pour lui, je parle donc bizarrement. Alors, oui, mon langage a évolué. Pour lui, chacune de mes phrases sonne un peu faux à cet instant précis. Il le ressent comme une distance que j'essaye d'installer avec lui, mon quartier, ma mère, même, peut-être. J'essaye de lui expliquer que cela ne change pas la personne que je suis, qu'on évolue, que c'est comme ça. Mais est-ce que les mots qu'on utilise définissent qui nous sommes, comment nous évoluons et devenons d'autres personnes ? Vraie question.

Les sapes, le style, l'élégance, on est aussi sensibles à tout ça en banlieue. Mac Tyer me le disait sur le ton de l'humour : « On peut être kaïra mais raffiné. » Toujours ce complexe de la cité, qu'on porte en nous et qui ajoute des barrières à toutes celles qu'on met déjà sur notre passage. Un jour, je débarque à un rendez-vous avec un célèbre rappeur dont je tairai le nom, qui doit signer un contrat. Quand il me voit en costard, il change de ton. « Le mec, il sort de son école de commerce », lâche-t-il en s'emportant légèrement. Je le regarde et lui fais très vite comprendre que je maîtrise aussi les codes de la rue. Gênée, Valou arrondit les angles en lui expliquant qui je suis, et il finit par s'excuser... On peut porter des costumes, des chemises, de belles chaussures, sans trahir l'endroit d'où l'on vient. On devrait pouvoir, en tout cas. Dans la série *The Wire*, on le voit à travers le personnage Stringer Bell interprété par Idris Elba, qui navigue entre plusieurs mondes et embrasse les codes de chaque milieu. Un jour en costume au contact des politiques, le lendemain en polo pour les cours d'économie, le jour d'après en survêtement quand il s'adresse aux dealers de Baltimore. Ce que je veux dire, c'est que nous naviguons constamment entre les codes que nous imposent nos environnements. À dix-huit ans, je l'avais déjà compris, quand je mettais une chemise pour ne pas me faire contrôler. Paradoxalement, à quarante, j'ai manifestement fait preuve d'imprudence : penser que le privilège de l'âge et de la réussite m'épargnait désormais, un samedi soir, de porter ma cape d'invisibilité en plein milieu du 17e arrondissement. Avec mon sweat à capuche, je redevenais une anomalie suspecte, pour certains. Et les conséquences n'ont pas vraiment joué en ma faveur.

Quand j'ai voulu me remettre au taekwondo, un ami m'a conseillé un club. Arrivé à l'accueil, j'entends des bruits de coups sur ma gauche. Bam, bam, bam. Là, je jette un œil. Je vois des mecs qui ne rechignent pas, se mettent sur la gueule, ils se défoulent comme j'ai rarement vu. Pas mal, ça m'interpelle. Je demande ce que c'est. Du Krav-maga. Un art martial nouveau qui repose sur l'autodéfense, développée comme système de combat au corps à corps par l'armée israélienne.

À peine ai-je mis un pied dans la salle que le prof, Alain, m'a déjà repéré. Il plisse les yeux en souriant, avec ses faux airs de Richard Gere et son bon vieux T-shirt de la police. On discute, j'assiste au cours, et je décide de m'inscrire.

Bonne ambiance, ça vanne dans tous les sens. Alain me charrie beaucoup – il n'y a pas beaucoup de Noirs au Krav-maga – et moi je réponds à ses vannes du tac au tac. Je me sens bien. Parmi les élèves, des civils, des keufs, des mecs des RG, des militaires... pas mal de gars susceptibles d'appliquer tout ça dans leur quotidien. Je me débrouille plutôt bien. Un jour, Alain m'interpelle en début de cours. « Tiens, j'ai un mec pour toi. » Là, je vois une masse de 150 kilos, un monstre, de dos. Le gars se retourne. Je le regarde, il me regarde. On tilte. Moi, je ne dis rien. Je vais me changer, le cours passe. On se met sur la gueule dans le respect du sport. J'ai été gentil mais je pense qu'il le sait. À la fin du cours, Alain vient me voir :

« Tu le connais ?

– Qui ?

– Te fous pas de ma gueule, je suis policier, si tu veux pas que j'aille taper ton blaze, dis-moi, parce que si je cherche et que je trouve, je vais te faire la misère après...

– Pourquoi tu dis ça ?

– C'est un gardien de prison. »

Silence, Richard Gere attend la réponse. Alors j'avoue : oui, peut-être que je le connais, parce que j'ai fait un peu de placard, mais je n'aime pas en parler. C'est pas une époque de ma vie que je veux valoriser. Il comprend et ne m'en reparlera plus jamais. Au Krav-maga, je fais pas mal de rencontres, je me fais quelques potes flics, comme Anthony, Jeff... et, bien sûr, Alain. On discute, on discute, on discute. À leur contact, mon rapport à la police change, ma réflexion évolue, s'affine, se nuance. Nous ne sommes pas d'accord sur tout, mais on arrive à échanger sur des sujets qui nous opposent parfois.

Niveau Krav-maga, j'apprends assez vite. J'arrive avec des bases solides. Alain m'emmène même avec lui sur certains des stages qu'il organise à l'étranger. Je lui donne un coup de main sur les aspects opérationnels. L'autodéfense ne se résume pas qu'à des techniques de combat. Ce sont aussi des règles de bon sens qui peuvent vous sauver la vie dans certaines circonstances. Leçon essentielle : le cri est une alarme. Quelque chose de pas toujours spontané lorsqu'on se fait agresser dans un espace isolé. C'est en les travaillant qu'on finit par développer ses capacités instinctives, à force de bien se préparer. Il y a quelque chose d'un peu prophétique à reconnaître que mes hurlements m'ont aussi probablement sauvé la vie, le jour de mon agression. Ce sont eux qui ont alerté le voisinage et fait comprendre aux uns et aux autres qu'il fallait filmer ce qui se déroulait sous leurs yeux. Le fait qu'un policier soit celui qui m'ait enseigné par cet art martial à faire face de façon adéquate à cette situation ne relève pas que de l'anecdote. Je crois profondément désormais qu'il existe des bons flics, qui font leur travail avec sérieux. Ceux qui partageaient mon quotidien, s'entraînaient durement pour gérer des situations tendues avec l'assurance et le professionnalisme nécessaires. Le jour de mon agression, j'ai fait la rencontre du pendant inverse.

Dans mon quartier du 17e, il aura fallu le temps, mais tout le monde me connaît plus ou moins : riverains, commerçants, au moins de vue. Le plus drôle est que je ne voyais pas beaucoup de policiers dans mon quotidien. J'ai arrêté deux personnes dans le quartier. Véridique. Un jour, je suis dans la rue, et je vois un mec tracer devant moi. Les flics lui courent après. À bout de souffle, ils sont morts et s'arrêtent. Le mec avait agressé une vieille dame et lui avait volé ses affaires. Dans beaucoup de quartiers populaires, ça ne serait jamais arrivé. Avec mon pote, on monte sur un scooter et on se met à chercher le voleur. Au bout d'un moment, je le repère, avec une capuche, je descends du scooter, excusez-moi, monsieur, c'est vous qui étiez... Il se met à courir. Je le poursuis et finis par l'attraper, il essaie de sortir un couteau de sa poche, je le désarme en le tenant par le poignet. Que faire de lui ? Plutôt que de régler la chose comme au quartier, il valait bien le ramener aux autorités. Ici, un autre jour, on rattrape un gamin qui tape depuis un moment tous les coffres des scooters de la rue. Au bout d'une heure trente, aucune nouvelle de la police, elle n'arrive pas et on ne l'attend plus... Coup de chance, un ami dans un autre arrondissement de Paris connaît le voleur. Il finit par récupérer les affaires qu'il avait volées. Jusque-là, c'était plutôt comme ça que les petits larcins dans notre quotidien s'étaient réglés : seuls.

C'est une époque où mon esprit s'ouvre à la réalité des policiers de terrain, mais je demeure sensible à toutes ces injustices dont sont victimes les jeunes des quartiers, comme cette vidéo virale qui m'a beaucoup touché. En marge d'un contrôle, les choses dégénèrent entre un policier et Lamine, un animateur du 93 que je connais bien, un gars tranquille. Le flic lui plonge dans les jambes à la manière d'un rugbyman, alors qu'il tente de s'interposer dans une situation tendue. Lamine est un grand sportif et il sait se défendre. Lamine est calme et cela se voit dans la vidéo. Sans raison apparente, le flic lui en met une, et il la lui rend. Plus d'issue favorable à ce stade alors que tout ça partait d'une situation qu'il essayait de calmer. Les années passent. Ces situations se répètent et j'admets volontiers que je vis entre deux mondes qui ne se parlent plus.

Avec le temps, je me suis plongé dans la généalogie coloniale de la police française et compris à quel point notre modèle de maintien de l'ordre dans les quartiers populaires a beaucoup emprunté aux techniques de contre-insurrection de l'époque. Les travaux du sociologue et essayiste Mathieu Rigouste (*La Domination policière*, La Fabrique, 2012) ou du sociologue Michel Kokoreff (*Violences policières, généalogie d'une violence d'État*, Textuel, 2020) se sont penchés sur la question, et l'explorent bien mieux que je ne pourrais le faire. Père de l'anticriminalité à la française, fondateur de la BRI et tombeur de la French Connection, François Le Mouël a dirigé des policiers parisiens durant la guerre d'Algérie, et, le 17 octobre 1961, la police de la capitale a tué entre 40 et 100 personnes lors de manifestations de solidarité avec le FLN – au total, des centaines de victimes, si on compte les semaines suivantes et précédentes. Après avoir passé une grande partie de sa carrière aux colonies françaises, en Algérie, à Saint-Denis de La Réunion, Pierre Bolotte fut nommé préfet de Guadeloupe en 1965. En mai 1967, il dirigea la répression lors des émeutes qui y firent de nombreux morts. Après quoi, il devint préfet de Seine-Saint-Denis où il importa des méthodes ultra-répressives utilisées aux Antilles, et instaura la « brigade anticriminalité ». Une ascendance bien funeste qui mériterait une remise à plat précise et méticuleuse. Elle n'est pas près de se produire.

19

Novembre 2020, à La Grande Borne, une vaste cité prise dans un triangle d'axes autoroutiers, conçue comme un dédale d'immeubles en demi-cercles. Une des zones les plus sensibles du pays, à Grigny, la ville la plus pauvre de France, selon l'Observatoire des inégalités. Un « volcan », selon son maire communiste Philippe Rio. Loin de tout, les jeunes y sont révoltés. Dans la nuit du 6 au 7 novembre 2005, 10 policiers avaient été blessés lors d'affrontements avec 300 jeunes du quartier. Non loin de là, le 8 octobre 2016, 16 personnes avaient attaqué une voiture de police à coups de barres de fer, de lancers de pierres ou de cocktails Molotov, blessant 4 policiers. Petit rappel des faits : l'affaire s'est déroulée à proximité d'une caméra de vidéosurveillance mise en place par la mairie et attaquée plusieurs fois à la voiture bélier. Ce jour-là, les policiers attaqués étaient venus sécuriser la caméra. S'est ensuivi un emballement médiatique et judiciaire, et des condamnations très rapides, trop, peut-être. Huit des condamnés ont finalement été acquittés en appel. Lors du second jugement, une bagarre a éclaté dans la salle d'audience, nécessitant l'intervention d'une trentaine de policiers. Le malaise est profond...

Ce n'est pas un hasard si nous avons choisi de tourner notre dernier clip à La Grande Borne, quartier de Grigny dans le 91. Comme un symbole, nous souhaitons y rejouer la scène finale du film *La Haine*, sorti vingt-cinq ans plus tôt. L'idée : à la fin du clip, un jeune et un flic se tiennent en joue, mais une personne sans domicile fixe s'approche, cagoule sur la tête, baisse son masque et dévoile le visage de Hubert Koundé, l'interprète du cousin Hub' du film de Mathieu Kassovitz. Hubert intervient et, d'un geste de la main, baisse les armes des deux ennemis. Fin. Le tournage va ressembler à une longue mise en abyme, un périple étrange et absurde, où fiction et réalité vont s'entrechoquer.

Quand on arrive à Grigny, la première chose que je vois, c'est une paire de baskets suspendue aux fils électriques, par les lacets. À bien d'autres endroits, on s'étonnerait que des chaussures pendent au-dessus du vide, mais pas ici. Pareil, quand on entre dans la cité. En haut d'un immeuble, tout en haut, je remarque un tournevis enfoncé dans le mur, mais il n'est pas arrivé là par magie. Quelqu'un, un jour, a forcément décidé qu'il enfoncerait un tournevis dans le mur. Des poubelles partout. Quand l'un de nous tape dans l'une d'elles, des rats filent dans toutes les directions. Mais ici, c'est normal, au calme.

Le tournage commence. Vers 11 heures, on arrive à proximité d'un petit parking. Une voiture est garée là et bloque la sortie des autres véhicules. Quand nous arrivons, deux policiers sont déjà sur place, positionnés devant le parking, avec des gants et des armes de poing. Bon. Ils sont sérieux, dans leur truc, avec leurs armes, et les jeunes commencent à se chauffer entre eux. « Vas-y, ils commencent à casser les couilles, Michel tu les connais pas, les flics d'ici c'est des chiens, même s'il y a rien, ils vont trouver quelque chose... » Etc. Tout de suite, chacun se crispe, mauvaise ambiance. Ça commence mal, ça part de trois fois rien : une voiture mal garée. Maintenant, comment on désamorce ?

Les jeunes rappeurs du clip restent un peu en retrait, je décide d'aller voir. Derrière moi, un autre mec de la cité, plus âgé, assez chaud. Je ne calcule pas car je connais ce sentiment. Quoi que je lui dise, je sens qu'il va se chauffer pour rien, alors j'évite. J'arrive devant les policiers, très froids. Mon ami, derrière moi :

« Vas-y, mets les amendes que tu veux.

– On les a mises ! »

Normal, ils font leur travail. La tension monte. Quand j'entends le niveau de la discussion, je mets une petite tape sur l'épaule de mon ami pour qu'il baisse un peu le ton et ne pas faire escalader les choses. Dans le parking, les mecs qui ont appelé la police qui ne peuvent pas sortir de là, qui voient le petit attroupement en train de se former, le mec derrière moi, les jeunes. Ils commencent à avoir chaud. Pour détendre l'atmosphère, je dis aux policiers, d'une voix calme et posée :

« Bon, de toute façon, ils vont déplacer la voiture, ça va se régler...

– Ouais, bah qu'ils la déplacent vite ! »

OK. Je laisse un petit blanc, et je me permets :

« Excusez-moi, monsieur, je peux vous poser une question ? J'ai du mal à comprendre pourquoi je vous trouve un peu agressif...

– Je vois pas pourquoi, vous me posez une question, je vous réponds.

– Oui, je comprends, mais l'agressivité n'est pas seulement dans les mots, elle peut être dans votre façon d'être. Votre collègue a une arme, il la caresse depuis tout à l'heure, comme s'il avait envie d'appuyer sur la gâchette, vous avez des gants, c'est un peu agressif.

– Peut-être que vous le percevez comme cela, mais quand je suis dans ce genre de coin, je m'équipe.

– Monsieur, ce n'est pas correct de dire ça, les gens d'ici, ce ne sont pas des animaux, vous pouvez venir comme n'importe où.

– Non, on ne peut pas, on voit que vous vous êtes jamais pris de machine à laver sur la gueule. Là, on est à La Grande Borne, on ne vient pas ici pour acheter des fleurs, donc on prend nos précautions.

– Effectivement, je peux comprendre votre point de vue, mais ça veut dire que le dialogue est rompu...

– Ils ne savent pas parler !

– Moi non plus je ne savais pas parler... »

De fil en aiguille s'instaure une petite discussion. Il répond à mes questions avec d'autres questions, moi pareil. Ensemble, on remonte le fil, aux racines de la violence.

« Et les mortiers, vous acceptez ? me demande-t-il, à un moment donné.

– Non, je n'accepte pas, mais pourquoi ont-ils commencé à faire ça ? »

Il renvoie la balle. Je la renvoie à mon tour. J'ai affaire à un policier. Un policier se doit d'être irréprochable. Si des jeunes commettent des erreurs, ils doivent pouvoir y répondre de manière rationnelle. À eux de faire le premier pas pour développer un dialogue. Au bout de quarante-cinq minutes de conversation, à écouter l'autre, à comprendre son point de vue, la situation se détend. Le policier retire ses gants et me serre la main. Avant que la discussion se termine, il me demande si on a des autorisations de tournage. Honnêtement non, je tourne à Grigny, on a décidé au dernier moment, je n'ai pas eu le temps de m'en occuper. Allez, ça passe pour cette fois, il nous laisse tourner. Sympa. Bon, le chauffeur mal garé prend son amende, on ne peut pas non plus sauver tout le monde.

Dans toute la cité, on tourne notre clip. Valou est une réalisatrice accomplie, elle a peaufiné son scénario. En fin de journée, on abuse peut-être un peu, on fait venir des artificiers. Des professionnels, attention, on ne fait pas les trucs à l'arrache – enfin, si, un peu, mais passons. Aux alentours de 22 heures, je vais chercher des pizzas pour tout le monde. Notre voiture passe devant un cul-de-sac. À notre droite, dans une ruelle, des camions et des camions de flics, en train de se changer, avec leurs gilets, leurs armes. Mon copilote lâche : « Oh, y en a un qui va se prendre une visite des flics à 6 heures du matin ! » Rires dans le véhicule. Silence. Attendez une seconde, les flics ne se préparent pas à 22 heures dans une ruelle pour une perquisition à l'aube. « Les mecs, j'annonce, je pense que c'est pour nous. »

En effet, quand on revient, un régiment encercle la cité, plus personne ne va nulle part. Jamais vu autant de policiers au même endroit, au même moment. Le mec avec moi préfère rester dans la voiture. Mes équipes sont là-bas, il faut bien que j'aille les chercher. Je descends, j'avance. Plus un chat dans les rues. À la fenêtre, un mec m'interpelle : « Monsieur, monsieur, wallah n'y allez pas, ils vont vous tabasser ! » Il me dit ça en rigolant, c'est son quotidien, il a l'habitude. Je marche vers mes équipes, j'ai rien à me reprocher, mais je suis pas bien, je vais quand même pas me faire tabasser, c'est pas possible...

Au loin, toute une équipe de keufs qui marchent le long d'un mur, avec des casques. Je ne sais pas ce qu'ils font là. Ils sont vraiment là pour nous, ou est-ce juste une coïncidence ? Sur le plateau de tournage, je retrouve mes équipes occupées à tout ranger. Cool. Tout le monde s'est fait contrôler, tout le monde était en règle. Les policiers ont l'air perdu, comme si ce qu'ils venaient de trouver ne collait pas avec leurs tenues de Robocop, à savoir une équipe de techniciens blancs. Ils ont demandé à parler au responsable, il y a forcément un fautif. Ils tombent sur moi, ils m'encerclent, ils sont quatre, cagoules sur la tête, armes dans les mains, comme s'ils voulaient en découdre.

Bonjour, autorisation de tournage. Désolé, je n'en ai pas, j'ai prévenu vos collègues ce matin. Ils me collent une amende, pas grave, c'est ma faute. Les rues sont calmes, les mecs de la cité sont rentrés chez eux, les flics sont sur le départ. Pendant qu'ils me verbalisent, je cherche le regard de Valérie pour savoir si c'est chaud, s'il y a des raisons de s'inquiéter. À sa voix, je sens que tout est cool. Je ne retrouve plus mon portable, je lui demande de m'appeler. Mon téléphone sonne. Dans ma sacoche, il tape contre un objet. Un bruit métallique que je reconnais immédiatement. C'est bon, merci Valérie. Dans ma sacoche, collé à mon téléphone, le calibre factice qu'on a utilisé dans le clip. Les flics s'en vont. En une seconde, je me suis fait tous les scénarios possibles et imaginables. Et si je n'avais pas reconnu le bruit et que j'avais sorti le flingue. Sur le chemin du retour, j'y repense. Que serait-il arrivé ?

Entre le dialogue avec le policier, la tension qui monte tout au long de la journée, la présence des flics partout, les armes, les attitudes, l'équilibre est extrêmement fragile. Sans arrêt, on avance sur une ligne de crête. Les choses peuvent dégénérer, à tout moment, à cause d'un mot plus haut que les autres, d'un geste maladroit, d'un malentendu, d'une escalade malheureuse dans la violence. Si je raconte ce tournage sous haute tension, c'est parce qu'il dit quelque chose, selon moi, du climat qui s'instaure quand le dialogue n'est plus possible et quand la violence est la seule réponse qu'on apporte à la violence. Si je décris ma rencontre avec le policier, c'est parce que j'ai senti qu'on pouvait discuter, échanger, comprendre le point de vue l'un de l'autre. Avec lui, c'était possible, ça se sentait, et au bout du compte, nous nous sommes serré la main. Le 20 novembre, nous publions sur Internet le clip de « Cramé », morceau de Denzo feat Bramsito, en hommage à *La Haine*.

Nous sommes à la veille de mon agression. Si mes agresseurs m'avaient demandé mes papiers, s'ils avaient dit « Contrôle d'identité », je me serais exécuté, et l'histoire se serait arrêtée là.

Quiconque veut voir ce qui s'est passé le soir du 21 novembre peut trouver les images sur Internet. Écrire ces faits, de manière froide, détaillée, m'est douloureux, mais cela m'aidera peut-être à leur donner un peu plus de sens. Tout cela me paraît encore irréel. Personne ne pourra jamais se mettre à ma place, c'est évident, mais partager mon expérience, de la manière la plus précise possible, donnera une idée de ce que j'ai pu vivre et de toute la violence qui s'est déchaînée sur moi, sans raison valable. Avant d'aller plus loin, un avertissement : je m'efforce de raconter les choses au plus près de ce que j'ai vécu sur le moment, mais mon ressenti se confond aux images de l'agression, que j'ai vues et revues, qui me hantent jusqu'aujourd'hui et que je ne peux plus effacer de mon esprit. Je leur dois beaucoup. Sans elles, je serais en prison, voire pire.

20

« Sors ! » Un premier coup de poing m'arrive. Je ne comprends rien. Un coup de Rangers dans les tibias, des coups de genou, des coups de poing. « Qu'est-ce que vous faites ? » je leur demande. Les premières secondes, je pense à la caméra, mais après, j'oublie. Ils frappent. C'est pas possible, ça ne peut pas être vrai, je dois être en train de rêver ? Mais la violence des coups de poing au visage me fait prendre conscience que ce qui est en train de se passer est bien réel.

J'écarte les bras, je ne veux pas qu'on croie que je suis agressif, j'ai conscience qu'il ne faut pas que je rende le moindre coup, je ne fais rien, j'ai peur. Dès qu'ils s'arrêtent de frapper, l'espace d'un instant, pour reprendre leur souffle, je reprends la parole. Naïvement, j'essaye de leur dire qu'ils font erreur sur la personne. « Messieurs, vous vous trompez ! » C'est pas possible, ça va forcément s'arrêter... Mais plus j'essaye de les ramener à la raison, plus leur rage décuple.

Maintenant, ils essaient de fermer la porte d'entrée. Moi, je veux qu'elle reste ouverte, pour alerter les passants ou les voisins, pour qu'il y ait des témoins à ce qui est en train de se passer. Je crie à l'aide. Instinct d'autodéfense. Un policier regarde dehors, à droite, à gauche, s'assure que personne ne les a vus, puis claque la porte. Une fois qu'elle est fermée, les coups reprennent. Des coups, certes, mais aussi un nombre incalculable d'insultes. Le plus jeune respire fort, d'un souffle lourd. Leur fureur est à son comble. Pendant qu'ils me frappent, ils le disent et le répètent : « On va te défoncer, sale nègre ! Ta gueule, on va te tuer sale nègre ! ON VA TE TUER SALE NÈGRE ! »

Le temps s'étire. Chaque seconde dure des heures. Des questions me traversent sans que je trouve de réponses. Qu'est-ce qu'il vont me faire ? Comment ça va finir ? Ils vont me tuer ? Seuls les coups et un goût de sang dans ma bouche me ramènent à la réalité. Je n'effectue aucun geste violent, je ne veux rien répondre, je ne rendrai pas un seul coup. L'un d'eux me tire la capuche de mon sweat-shirt, je ne vois plus rien. J'essaye de faire en sorte qu'ils me fassent le moins mal possible, je me protège comme je peux, à l'instinct, espérant que les coups m'atteignent moins férocement. Un autre monte sur mon dos, essaye de me tirer en arrière en m'étranglant. Je me baisse et me penche en avant pour le priver d'amplitude. « Te couche pas, je me répète dans ma tête, surtout ne te mets pas par terre, reste debout. » En me débattant, je perds une de mes chaussures. Je pense au plaquage ventral. Non, il ne faut pas qu'ils me le fassent. Va pas au sol, va pas au sol.

À chaque patate, un bruit sec sur mon corps. Le troisième flic me frappe le crâne de haut en bas, comme on enfonce un clou avec un marteau. Au bout d'un moment, je sens des coups qui me font plus mal que d'autres. Je ne sais pas ce que c'est mais je sens que ceux-là peuvent me mettre K-O. Je parviens à lever mon regard et mon cerveau identifie une matraque télescopique, un bâton en acier trempé, plus dur que les tonfas en polymère, plus pratique pour infliger des blessures sérieuses avec un minimum d'efforts. Quand la matraque en métal s'abat sur mon crâne, j'entends un bruit sourd qui résonne en moi-même dans tout mon corps, des pieds à la tête, comme si on explosait une pastèque. On ne m'a jamais éclaté une bouteille sur la tête, mais j'imagine que ça fait au moins le même effet. Je vois qu'il passe la matraque à son collègue. Je la tiens un moment, pas pour lui arracher – je ne tire pas dessus et la laisse dans ses mains – mais pour l'empêcher de me frapper avec, le plus longtemps possible. Ça fait trop mal, si je m'en prends encore deux ou trois comme ça, je ne vais pas tenir. « Mais pourquoi vous faites ça ? » je lâche.

Le fait d'avoir vu la matraque me permet d'anticiper la violence et la douleur qui arrivent. L'identifier me permet de tenir, car mon cerveau voit ce qui se passe. Le policier qui la tient me massacre, de haut en bas, faisant tomber tout le poids de son corps sur ma tête, mes bras, les épaules, à chaque coup. Il me défonce le crâne, comme s'il coupait une bûche avec une hache.

Plus de cinq minutes de passage à tabac, une vingtaine de coups de poing, une dizaine de coups de pied, des coups de genou, une quinzaine de coups de matraque télescopique, un coup de boule, principalement portés au niveau de mon visage.

Cinq minutes, une éternité. Un round de boxe dure trois minutes. Je n'ai pas eu le droit à la minute de repos.

Je ne sais pas combien de jeunes sont dans le studio. Dans ma tête, il y a simplement mon artiste et l'ingé son, c'est tout. Mais ils sont neuf en bas, des jeunes de vingt ans, l'un d'eux en a seize. Un policier, le plus gradé s'écarte. Je vois la poignée de la porte qui mène au studio. Si l'espoir existe, c'est la poignée de cette porte. Je m'élance, j'attrape la poignée, j'ouvre la porte. De toutes mes forces, je crie à l'aide, à l'aide ! Le policier revient, passe sur le côté, pousse la porte pour la refermer. Je fais ce que je peux pour la retenir avec mon pied.

Il la ferme.

Pendant quelques secondes, je ressens un truc terrible, je me dis que je suis mort. Ça y est, ils veulent me tuer, ils vont me tuer. Oui, c'est sûr, ils vont me laisser pour mort, ils vont se barrer et ils raconteront ce mensonge : c'est moi qui les ai agressés.

Au bout de quelques minutes, j'entends les jeunes monter. Ils m'ont entendu hurler, ils montent les escaliers vers le sas d'entrée. Je le sais parce que je vois l'un des flics se pencher sur la porte, pour la bloquer pendant que les jeunes essaient de l'ouvrir. « Ouvrez wesh ! », entend-on de l'autre côté. Je les entends crier. Encore une fois, je ne sais pas combien ils sont et eux ne savent pas ce qui se passe. Je me parle tout seul, il faut que je tienne, il faut que je tienne, mais ils pourraient finir par me faire perdre connaissance, je continue de me protéger autant que possible, pour que les coups fassent moins mal. Peu à peu, mon esprit semble quitter mon corps. Les coups m'atteignent mais je ne sens plus rien. L'espace d'une demi-seconde, je pense à mon frère, à ma mère...

Les flics veulent de nouveau me faire sortir. Ils essaient de me tirer dehors. Je ne veux pas, je retiens mon corps, je ne sors pas avec eux. Si je sors, je vais finir sur le bitume comme Chouviat ou Lamine Dieng. Je ne sors pas...

Les jeunes poussent la porte. Le flic n'arrive plus à la retenir, il abandonne. Soudain, les jeunes parviennent à ouvrir la porte. Ils voient les policiers. Les policiers ont le temps de voir aussi les jeunes, des gamins de vingt ans, on l'a dit. Mes trois agresseurs me lâchent et sortent du studio. Aucun des jeunes ne les poursuit à l'extérieur. Ils ont tous peur. En me débattant, j'ai perdu une chaussure. Elle bloque la porte d'entrée alors que nous essayons de la fermer.

Les petits me regardent. Ils sont sous le choc de ce qui vient de se produire et je ne sais pas quoi leur dire. Ils me connaissent, essaient de donner du sens à ce qui vient de se produire, de comprendre pourquoi des policiers pourraient m'avoir laissé dans un tel bain de sang. Dans leurs yeux, je comprends que je suis amoché et je lis ma propre sidération. Ils me demandent ce qu'il se passe. « Mais ils peuvent pas faire ça », lance l'un d'eux. Je n'en sais rien, je ne sais pas. Mon sweat est déchiré au niveau du torse. Mon sang coule sur mes vêtements, je ne sais pas où est la plaie, je ne veux pas me toucher pour voir, trop peur de m'infecter ou d'empirer les choses. Je suis sous le choc, moi aussi. Je veux protéger les jeunes, mais comment à ce stade ? Ils me demandent s'il y a une sortie en bas, mais la porte est condamnée. Si j'avais eu tous mes esprits, je leur aurais donné les clefs de mon bureau pour monter à l'étage, ouvrir une autre porte qui donne sur la cage d'escalier de l'immeuble attenant, et ils auraient pu se cacher.

Pam.

Un bruit de pétard, court et sec, comme un coup de feu.

« Ils ont tiré ! » crie l'un des jeunes, complètement paniqué. Il le répète : « Ils ont tiré ! Ils ont tiré ! » Ils sont pris de panique.

Instinctivement, et bêtement, je regarde, pour voir s'il y a un impact de balle, pour comprendre jusqu'où va leur folie. Mais non, ils n'ont pas tiré. Dehors, les flics mettent des coups de matraque sur la vitrine et sur la porte, fous de rage. L'un d'eux passe ses nerfs sur la porte, déchaîne toute sa colère, complètement surexcité, hors de lui. On croirait un animal enragé.

Maintenant, ils essayent de rentrer à nouveau. Terrorisés, les jeunes retournent se cacher en bas dans le studio.

De toute façon, c'est moi qu'ils veulent. Les trois flics ont appelé des renforts, ils exigent que je sorte, ils poussent encore. Je bloque la porte comme je le peux. Ma basket perdue m'empêche de la fermer totalement. Je ne veux pas me retrouver à nouveau seul avec les policiers qui m'ont tabassé. Et si je sors, qu'est-ce qu'il va se passer ? Ils chargent et envoient tout le poids de leurs corps sur la porte, ils mettent des coups de pied, je ressens les secousses de l'autre côté. À chaque choc, un mouvement arrière-avant sur la porte. Combien de temps vais-je pouvoir tenir ? Quand ils parviennent à entrouvrir la porte, ils mettent un coup de gazeuse. Ça pique, ça brûle, mais à ce moment-là, l'adrénaline, la peur et la sidération prennent le dessus sur tous les autres sens. Il n'y a plus de réflexion, plus de pensée, rien, juste de la survie.

Un objet passe dans l'ouverture de la porte. Ils ont balancé quelque chose. Je le vois, je ne sais pas ce que c'est. Je me penche pour ramasser l'objet.

Boum.

Une explosion assourdissante, juste là, à quelques centimètres de mes pieds. Une fumée épaisse remplit mes locaux. Un policier a envoyé une grenade lacrymogène, une arme utilisée pour rétablir l'ordre dans les manifestations, interdite en intérieur. Heureusement que je n'ai pas eu le temps de la ramasser, je n'aurais plus de main au moment où je vous parle. Mais sur le moment, je ne pense pas à cela. Les faits s'enchaînent comme dans un scénario cauchemardesque. Je suis dans un monde parallèle.

La fumée se propage, j'essaye de garder mon calme mais je n'arrive plus à réfléchir, ni à respirer normalement. J'étouffe. Instinctivement, je me défais de ma sacoche pour dégager mon torse et me permettre de retrouver un peu d'air. Je me dirige vers le fond de l'entrée, vers un canapé installé en bas d'un escalier menant aux bureaux. J'allume la ventilation. Complètement enfumé, je me dis que c'est mon dernier jour, et je ne sais pas pourquoi.

Je suis dans un coin. J'appelle Valérie. J'appelle mon avocate Hafida el Ali. Mais personne ne décroche. Un appel entrant. C'est le voisin, un commerçant du quartier, je décroche.

« Michel, j'entends du bordel, qu'est-ce qui se passe ?

– Je me fais agresser !

– J'appelle la police !

– Mais c'est la police ! »

Il bugge, je raccroche. J'essaye de rappeler l'avocate, puis un deuxième avocat. Toujours personne, et je peine encore à respirer dans la fumée. Eux tentent de rentrer à deux reprises mais la fumée est trop épaisse. Ils ressortent aussi sec. Moi, je ne sens plus rien. Seul mon instinct de survie prend le dessus sur tout le reste.

L'un d'eux braque une arme dans la direction de la porte. J'entends des bruits, des cris, des discussions. Ils me hurlent des choses, se gueulent dessus entre eux. Mon sort dépend de ce qu'ils se disent, mais je ne comprends rien, je n'arrive pas à décrypter leurs mots, alors que c'est peut-être une question de vie ou de mort. Je ne sais pas combien ils sont. Je regarde à l'extérieur, je devine que leur nombre a décuplé. Des lumières se reflètent sur la fenêtre de l'entrée. Je comprends que des véhicules de police s'entassent désormais le long de la rue. Leurs gyrophares ne laissent pas de place au doute. Soudain, je vois un policier. Il se cache, se penche et braque son arme vers moi. Un pas de plus dans l'escalade. Pourquoi ? S'il me vise, ça veut dire qu'il va tirer ? Dans mon esprit, l'issue semble de plus en plus désespérée.

S'ils se cachent alors qu'ils sont armés, ça veut dire qu'ils pensent que je suis moi-même armé. Dans ma main, je tiens juste mon téléphone. Je leur hurle tout ce que je peux pour les calmer, trop peur qu'ils me descendent. « C'est mon téléphone, je leur crie. J'ai rien fait de mal ! »

« Sors, sors !
– Je sors pas, j'ai peur ! »

Alors ils décident de venir me chercher. L'un d'eux pénètre dans les locaux. Je ne sais pas si j'ai plus eu peur à ce moment-là qu'à tous les autres moments. Alors je me tiens droit, debout, j'écarte le plus possible les bras et les jambes, je reste immobile.

Ils rentrent. Un flic avance le premier dans la fumée épaisse. Qu'est-ce qu'il pense ? Ses collègues lui ont sûrement dit que j'étais un fou furieux, un forcené, que je les avais agressés, que je suis dangereux. La preuve, ils sont allés jusqu'à lancer une grenade à l'intérieur ! Eux pénètrent dans un décor aux allures d'apocalypse. Les murs sont couverts de sang mais eux ne savent pas que c'est uniquement le mien. Je me tiens bras écartés au milieu de la pièce. S'ils perdent leur sang-froid, j'y reste. Ma vie n'est plus entre mes mains...

« J'ai rien fait, j'ai rien fait ! »

Si j'essaye de me protéger avec mes mains, les conséquences pourraient être catastrophiques. Il arrive. Il me voit. Il me tient en joue. Il me regarde, je le fixe.

Une seconde passe. Deux secondes. Trois secondes peut-être.

Une éternité.

Il ne tire pas.

Ses collègues arrivent, m'attrapent par les bras, sans savoir à qui ils ont affaire, et me traînent dehors.

21

« Au sol, au sol ! » Une fois dans la rue, je découvre qu'ils sont toute une armée. J'hallucine. Oui, j'ai envie de me mettre au sol, pour que tout s'arrête. Sauf que je suis debout, je marche, et j'ai les bras écartés retenus par plusieurs d'entre eux. Je ne peux pas juste m'écrouler au sol. Mon visage serait le premier à épouser le bitume. « Oui, oui, oui, je leur dis, je vais au sol, je vais au sol... »

Je n'oppose aucune résistance, mais certains n'en ont pas fini. Mes agresseurs sont toujours là. Deux d'entre eux au moins s'acharnent avec la même bestialité. Coups de matraque, coups de poing au visage. Les autres collègues qui les ont rejoints tentent tour à tour de se frayer un chemin pour me mettre une droite, un coup de genou dans le visage ou un penalty dans le tibia.

Je hurle, le plus fort possible. Instinct de survie, là encore. Je ne le sais pas encore, mais mes cris ont alerté l'ensemble du voisinage. La scène sera filmée sous bien des angles différents par leurs téléphones portables.

Pour éviter de m'éclater au sol, je m'appuie sur une voiture avec mon bras droit. Les coups continuent de pleuvoir. Je sens de violents coups de matraque s'abattre sur mon crâne.

Tant pis, je vais au sol.

Avec une main, je protège mon téléphone. Je le défends comme le Saint-Graal, sans vraiment savoir pourquoi, peut-être en me disant que je pourrai leur montrer la vidéo le plus vite possible, mais surtout parce que ça coûte cher. Mon cerveau se raccroche à ce genre de détails concrets et futiles, et ça m'aide à tenir. Un flic écrase la main dans laquelle je le tiens, pour le briser. Allongé par terre, j'aperçois un policier choqué et impuissant, un peu plus loin. Ses jambes avancent vers moi. « C'est ton téléphone ? Laisse-moi le prendre, je te le rends au commissariat. » La voix, le ton, l'attitude... tout est réuni, je lui fais confiance. Ce n'est pas grand-chose, il a laissé faire le reste, ce n'est pas à moi de le défendre, mais sur le moment, ça a compté.

Pendant ce temps, les autres policiers vont chercher les jeunes en bas. Ils les mettent en joue et les font sortir, un par un, en leur mettant à eux aussi beaucoup de coups au passage. Ils iront même jusqu'à traîner l'un d'entre eux sur le trottoir, en faisant frotter son crâne sur le bitume. L'un d'eux n'a que seize ans.

Menotté contre une voiture, j'aperçois une policière, une femme blonde aux cheveux courts, je l'interpelle en me disant qu'elle fera preuve de plus d'humanité et saura ramener certains à la raison :

« Madame, c'est des gamins, c'est des gamins...

— Ta gueule ! »

Impuissant, je ne quitte pas des yeux cette scène de tabassage méthodique. Mon regard est embrumé par le sang qui me couvre le visage. J'ai tellement mal que je ne sens même pas le métal froid des menottes qui entravent mes poignets. On m'assoit sans ménagement dans l'un des véhicules. Direction le commissariat du 17e arrondissement.

22

Petite parenthèse sur ce qui s'est dit dans la voiture. Je suis assis sur la banquette arrière, derrière le siège passager. Nous sommes quatre. Mon bras me fait mal, comme une crampe hyper douloureuse, concentrée au niveau du biceps. Maintenant, cette douleur prend le dessus. J'ai mal et je ne sais pas pourquoi. Dans ma tête, je me dis que c'est un hématome. Rationaliser la douleur m'aide à tenir, c'est comme une branche à laquelle je me raccroche. Je me penche le plus possible pour que mon bras reste plié au maximum, rendre la douleur le moins insupportable possible, ma tête touche quasiment l'épaule du flic installé à mes côtés. Je suis conscient que je ne suis pas bien, mon esprit est fatigué. Sur le trajet qui nous amène au commissariat, je tente de raisonner les autres policiers :

« Mais vous vous rendez compte de ce qu'ont fait vos collègues ? Je suis un citoyen français, c'est grave, c'est extrêmement grave... »

Ah, eux, ils ne savent pas. Ah, eux, on les a appelés. Ah, eux, ils sont venus, c'est tout.

« Mais j'ai rien fait, et ils m'ont cassé la gueule... »

Un silence épais. Ils ouvrent les fenêtres à cause du gaz lacrymogène, j'en suis aspergé mais je ne le sens même plus. Mon sang coule sur mes vêtements. Un des policiers me demande :

« Vous êtes malade ? Parce que je me suis coupé... »

Pardon ? Sous-entendu, t'as pas le sida, ou une autre saloperie ? Outré par sa question, je lui réponds que je ne sais pas. Il insiste. Je ne sais pas, pas fait de test particulier. À ce moment précis, je ne suis plus un être humain. Juste un corps ensanglanté. La part de moi qui espérait un élan de compassion à cet instant s'éteint. Je comprends que mes protestations sont inaudibles.

Ils ouvrent encore plus grand les fenêtres pour la gazeuse, rapidement. Ils se parlent entre eux. Leur quotidien a déjà repris son cours. Les minutes s'égrènent dans une indifférence manifeste. Mon état m'inquiète, en revanche. Je prends conscience de l'ampleur de mes blessures. Je me sens faible et il vaut mieux que je ne perde pas connaissance. Je viens de vivre un truc complètement insensé. Personne ne partage ma sidération. C'est le boulot, c'est comme ça.

23

Quand j'arrive au commissariat, je baisse la tête, je suis perdu. Il fait un peu froid. C'est bruyant. Un brouhaha indistinct m'entoure. Je suis peut-être encore désorienté par la déflagration de cette maudite grenade. Les gens ont l'air choqués, mais personne ne s'aventure à me demander ce qui s'est produit. Je marche tout droit, passe à côté d'un couloir, ils me retirent les menottes et me mettent dans une grande cellule ouverte, dix mètres carrés tout au plus, avec des barreaux épais comme des tuyaux et un carré de bancs encastrés dans le béton, quasiment comme dans un vestiaire. Les jeunes sont là, eux aussi. « Excusez-moi, les petits frères », je leur dis, même si je n'ai rien fait. Une poignée de minutes passent, et les flics qui m'ont agressé viennent me voir. Les insultes se poursuivent. Le plus vieux approche, fier de lui-même. Je lui lance : « Mais pourquoi vous avez fait ça, je leur demande, vous avez pas honte ? » Alors, le plus jeune des trois bondit, il est encore surexcité. Sa respiration est lourde.

« Mais tu crois quoi ? répond le plus jeune. On te connaît, ça fait un moment qu'on te suit et qu'on est sur tes côtes.

— Ah ouais ?

— Ouais ça fait un moment, t'es un dealer. »

Impossible, il y a erreur sur la personne, j'essaie de lui dire, dans ma grande hébétude du moment. Le plus jeune lance alors : « Tu penses qu'on sait pas ce qui se passe dans ton pseudo-studio ? » Quand il dit ça, je pense à mes caméras qui enregistrent tout 24 heures sur 24 : « Allez là-bas dans ce cas, vous verrez que vous vous plantez totalement. » Le plus âgé revient à la charge :

« Ça fait vingt ans que je suis dans la police, il m'arrivera rien...

— On verra. »

Je ne sais pas pourquoi, je leur répète que j'ai quarante ans, comme si cela faisait une différence.

Le plus jeune bondit : « T'as quarante ans, moi j'en ai vingt et je t'ai niqué ! »

Tout cela se passe au commissariat. Il le dit avec un bel aplomb, haut et fort, devant tout le monde, et personne ne trouve rien à y redire. Il fallait qu'il se sente couvert et protégé par tous les autres pour me balancer ces conneries, dans le plus grand des calmes.

Ils sont plusieurs à s'agiter autour de mon téléphone, mis dans une petite bannette. Là, je vois le policier venu me prendre mon téléphone dans la rue. Il saisit la bannette et me la met dans la cage, il a compris ce que ses collègues voulaient faire. Il ne dit rien, pas besoin, je sais qu'il a capté, même s'il ne le dira jamais. Je ne sais même pas s'il a eu des histoires après ça. Je navigue à vue.

24

« C'est quoi ton nom ? » me demande un gardien de la paix, visage masqué, crâne dégarni. Silence. Non, je ne donne pas mon nom, je ne parlerai qu'à son supérieur. Deux secondes plus tard, ils m'envoient dans le bureau d'un officier de police judiciaire (OPJ). On monte un escalier. À l'étage, je rentre dans une pièce avec un bureau, un tas de documents, des dossiers étalés, et un policier. Il est noir, avec peu de cheveux et une petite mine débonnaire. Il est assis. Face à lui, des papiers, un ordinateur et une imprimante. Je me dis que j'ai un gradé devant moi, que tout cela va s'arrêter. Déboussolé, épuisé, je dois tenir bon. Mes mots, mes gestes, mes expressions vont être consignés sur procès-verbal.

Dans son bureau, l'OPJ me regarde et me demande, avec un visage soudainement compatissant qu'on croirait venu de loin, comme s'il s'inquiétait pour mon sort :

« Mais qu'est-ce qu'il s'est passé ?

– Vos collègues ont merdé, je n'ai rien fait, et ils m'ont défoncé la gueule. »

OK, il va reprendre depuis le début. Il me demande mon nom, Michel Zecler. Derrière moi, son collègue qui m'a amené dans le bureau redescend avec un empressement suspect. Maintenant qu'il connaît mon nom, il va pouvoir aller faire ses recherches. Hallucinant. En répondant, je commets peut-être une première erreur.

Par contre, je ne traîne pas à lui dire : c'est simple, j'ai tout en vidéo, je peux prouver ce que je dis. L'OPJ reçoit un coup de fil, on lui demande une autorisation de perquisition. Il dit non. Pourquoi une perquisition ? Il refuse.

Il reprend, me demande si j'ai un avocat. Oui, j'ai un avocat. « Bon, t'as vu l'heure, s'il est pas dispo, tu prends un avocat commis d'office ? » Non, c'est bon, j'ai un deuxième avocat, et s'il est pas dispo, j'en ai un troisième : j'ai des avocats, je veux mes avocats. Je le regarde, je suis ailleurs, je suis pas bien, dans les vapes, des perles de sang continuent de couler sur mon visage.

« Je vous jure, je lui confie, j'ai la tête qui tourne...

— Ouais, on va vite t'envoyer à l'hôpital, mais avant, je suis obligé de te faire signer un papier. » Il sort son papelard. Il regarde son collègue. « Il signe et vous l'accompagnez tout de suite ! » Mais non, tu me donnes un papier, crois-moi je vais le lire, je ne vais pas signer n'importe quoi.

Surprise ! Je commence à lire, et ce n'est pas ce que j'ai dit, je n'ai jamais dit que je voulais un avocat commis d'office, par exemple, ou que je ne voulais pas d'assistance médicale. Je prends le stylo, je fais mine de signer, et j'écris : « Je n'ai jamais dit ça, je n'ai jamais dit ça. » Je lui dis qu'il s'est trompé. « Ah excuse-moi... » Vite, il tapote sur son clavier, ressort le papier. Même problème. « Monsieur je n'ai pas dit ça. » Là, j'écrase ma main ensanglantée sur sa feuille. Je suis à bout. Il comprend que je ne céderai pas et finit par donner son feu vert à ses collègues de m'amener à l'hôpital.

Pendant ce temps, je devine que Valérie a appelé mon avocate, Hafida el Ali, qu'elle est passée au studio, que mes potes ont vu les taches de sang partout, le trou dans la vitrine qui ressemble à un impact de balle, et tout le bordel à l'intérieur. Mes proches n'ont aucune idée de ce qui s'est passé...

25

Les mains menottées, j'arrive à l'hôpital. On ouvre une porte bleue, on me demande de m'asseoir dans une petite salle. Face à moi, un bureau, une petite chaise et un petit coin lavabo. Une infirmière entre, elle est masquée. Moi, je ne porte pas de masque. « Bah alors, qu'est-ce qu'il s'est passé ? » lâche-t-elle quand elle voit mon visage. Je la regarde, mais je ne dis rien. Silence. Elle demande au policier qui m'accompagne de quitter la pièce, le temps qu'elle m'examine. D'abord, il ne veut pas sortir, mais elle insiste. Il sort. Me voilà seul avec elle. « S'il vous plaît, je lui demande, prenez des photos de moi, et je vous donne une adresse sur laquelle les envoyer. » Non, elle est désolée, mais elle ne peut pas, elle n'a pas le droit. « S'il vous plaît, ils veulent effacer ce qu'ils ont fait. »

Elle réfléchit, me dit qu'elle revient, et sort de la pièce. Quelques secondes passent, puis elle réapparaît avec le médecin. Elles me demandent ce qui s'est passé. Je leur raconte mon calvaire, ils vont essayer de tout effacer.

Depuis tout à l'heure, ils veulent me prendre mes vêtements tachés de sang. Je leur demande à nouveau de prendre des photos de moi pour avoir des preuves et pouvoir me défendre. Je pense qu'elle perçoit la sincérité de mes mots. Elle doit avoir l'habitude de voir des gens amochés. Mais là, elle sent peut-être que c'est différent. Dans son regard, je lis un peu d'empathie. Ouf ! Pour la première fois de la soirée, j'ai l'impression d'être entendu. Elle prend des photos de mes blessures avec son téléphone et les envoie sur le mail commun qu'on a avec Valérie. La médecin appelle Valou, la rassure : oui, je suis bien en vie, c'est tout. Après les photos, je me rince le visage. Quand j'ai retiré mon blouson et montré mon bras, la médecin m'a dit qu'il allait falloir faire un scanner, une radio, une IRM. Ah et elle va aussi me poser des agrafes sur le crâne. Pardon, des agrafes ? OK, faites ce que vous avez à faire, je ne veux même pas savoir... Je suis soulagé que les photos aient pu être envoyées. Voilà donc d'où vient ce cliché de mon visage ensanglanté qui a fait le tour de la planète et la une de *Libération*. Sans cette image, on aurait douté de ma parole. Je remercie la médecin et l'infirmière de m'avoir écouté avec impartialité. Pas juste des simples maillons d'une chaîne de comportements indifférents.

26

À la fin de la visite médicale, je repars dans le 17e. De retour au commissariat, les jeunes ne sont plus là. Ils ont été envoyés ailleurs, on ne me dit pas où. Je passe devant cinq ou six cellules individuelles alignées. Les policiers me mettent dans l'un de ces réduits étroits et crasseux. À droite, le mur sale et à gauche, un petit banc de 1,80 mètre, tout au plus. Des toilettes turques derrière un petit muret, au pied du banc. L'un d'eux me demande à nouveau si je veux retirer mon pull plein de sang. Non.

Seul dans ma cellule, je ressens un truc difficile à décrire. En fait, je me force à ne pas craquer, parce que craquer ne m'attirera que des problèmes. T'es un bonhomme, Michel, tu vas pas craquer, il y en a plein qui sont passés par là...

Je serre les dents. Mille insultes me viennent à l'esprit. Ils ne l'auraient pas volé, mais je sais que ça me desservirait. Il me faut tenir.

À peine le temps de profiter de ma solitude qu'une voix m'annonce :
« Zecler, avocat. »

Je me lève et je retrouve Me Hafida el Ali, mon avocate et amie. Un sacré bout de femme, tenace et survoltée. Je l'ai rencontrée à Skyrock, lors d'un Planète Rap de La Fouine alors qu'elle venait de prêter serment dans la bibliothèque de l'ordre des avocats. La revoir me donne un sacré boost au moral. C'est une battante en laquelle j'ai confiance pour ne rien lâcher dans de telles circonstances.

Les policiers ne l'ont pas contactée. Si Hafida est là, c'est parce que Valérie l'a alertée. Pendant que j'étais à l'hôpital, elle a débarqué en trombe au commissariat et demandé à me voir en se présentant comme mon avocate. Mais je n'étais pas là. Alors elle a foncé au studio pour prendre des photos des lieux, des impacts, des traces de sang.

Mon odeur la pique, je pue la gazeuse. Moi, je m'y suis accoutumé et je ne sens plus rien. Quand j'y repense, ils ne connaissent rien de mes antécédents médicaux. Ils ont jeté une grenade dans un espace privé et étroit. Le truc qu'on interdit dans n'importe quelle formation de police. Encore une situation qui semble échapper à toute forme d'encadrement.

Hafida me regarde, longtemps. Elle voit l'énorme bleu que j'ai au bras. Je lui dis que j'ai mal à la main. Elle me prend en photo dans tous les sens. Clac, clac, clac. En long, en large, en travers. Elle est passée au studio, elle a vu le trou dans la vitrine, me demande s'il y a eu un coup de feu.

Encore une fois, c'est mon amie, elle me connaît. Mais dans ses yeux, je sens qu'elle ne comprend pas. Elle voudrait me croire, mais elle n'y arrive pas. Quand elle me regarde, j'ai l'impression qu'elle se demande si je suis devenu fou. C'est dur. À son tour, elle me questionne sur ce qui s'est passé, alors je lui raconte. Mais plus j'explique, moins elle semble comprendre. C'est plus fort qu'elle, impossible de relier les points, quelque chose ne colle pas.

« Je te jure, c'est des fous, ils m'ont tabassé, je ne sais pas pourquoi, qu'est-ce qu'ils me reprochent ?

– Mais t'as rendu un coup ?

– Non, pas un coup, pas une insulte, pas un mot plus haut que l'autre.

– T'as même pas essayé...

– Rien, rien, rien. Ils m'accusent de quoi ? »

Le parquet de Paris a ouvert une enquête pour « violences sur personne dépositaire de l'autorité publique » et « rébellion ». Une folie, les policiers disent que je les ai tirés dans mon local, que je les ai défoncés, que j'ai essayé de prendre leur arme, que j'ai appelé des renforts... Si je suis poursuivi et condamné, je pourrai partir à l'ombre pour longtemps.

Parole contre parole. Entre la leur et la mienne, c'est le jour et la nuit, d'où son incrédulité. Même, elle a du mal à croire que cette histoire ait pu partir d'une situation aussi insignifiante.

Soudain, je prononce la phrase qui change tout :

« De toute façon, j'ai tout en vidéo... »

Quelque chose bascule dans son regard. Elle me demande comment les récupérer. Je connais la manipe, mais c'est un peu compliqué, il faut appeler Nabil, le pote de Strasbourg qui nous a installé les caméras, on verra ça plus tard...

27

Avant que Hafida ne me laisse seul, je la préviens : quand ils m'ont attaqué, je n'ai pas riposté. C'est mon amie, elle sait que j'avais pleinement les moyens de me défendre. J'ai reçu quelques menaces à peines voilées. Ma voix prend une tonalité plus grave. J'ai réussi à tenir, mais s'ils rentrent dans ma cellule pour me faire quoi que ce soit, cette fois, je vais me défendre. Ma crainte est réelle. En disant cela, je fais savoir à Hafida que si certains mettent leurs menaces à exécution, je suis déterminé à ne pas leur faciliter la tâche.

La nuit, tout se mélange, trop de choses tournent dans ma tête. Les cellules, les gardes à vue, les ennuis, tout cela paraissait si loin derrière moi. Je pense à la prison, je pense à H. Une énorme anxiété finit par m'envahir. Ma vie m'apparaît comme un immense château de cartes. Je ressasse mes déboires sans parvenir à déterminer comment tout ça aurait pu être évité. J'ai mal partout, une douleur aiguë commence à me prendre tout le bras gauche. Quelque chose ne tourne pas rond.

Toujours pendant la nuit, on m'emmène à l'unité médico-judiciaire de l'Hôtel-Dieu, Hafida en a fait la demande. Un flic de petite taille m'accompagne. Maintenant, mon bras me fait terriblement mal, sans discontinuer.

« S'il vous plaît, je lui demande, est-ce que vous pouvez me mettre les menottes devant ?

– Je suis désolé, je n'ai pas le droit. »

Alors ils me mettent les menottes dans le dos, une torture. Dans la voiture, je me penche, gagne des précieux centimètres entre mon bras droit et mon bras gauche, pour calmer la douleur autant que possible. Sur la route, je parle encore aux policiers, je leur dis combien je suis choqué. Ils me disent qu'ils ne sont pas au courant de ce qui s'est passé, et c'est sans doute vrai. On parle, ils me racontent les difficultés de leur métier. L'un d'eux finit par dire :

« Tu vois, ça me fait de la peine, mais ma fille ne saura jamais ce que je fais comme métier...

– Pourquoi ?

– À cause des menaces, des problèmes, c'est trop risqué. »

J'arrive aux UMJ, on passe par-derrière. L'endroit a l'air hypersécurisé. J'entends des flics armés discuter entre eux. Ils sont en train de parler calibres et fusils à longue portée. Quand nous sortons de l'ascenseur, nous empruntons un long couloir. Alignées sur la droite de ce couloir, des pièces qui ressemblent à des cellules, des salles pour les médecins, des bureaux, des toilettes. Il est tard, mais je n'ai aucune notion du temps. Comme tout est calme, j'imagine que nous sommes très peu nombreux ce soir-là. Le lieu est froid et sombre malgré la mauvaise lumière des néons blancs. Un médecin arrive avec sa blouse blanche, s'assoit derrière un bureau. « Bon, monsieur, qu'est-ce qu'il se passe ? » me lance-t-il. Je ne sais pas pourquoi, des larmes de rage se mettent à couler toutes seules. « Je me suis fait agresser par des policiers... » Il tape, sans me regarder, Hmm. Hmm. Il tapote son rapport, lève à peine les yeux dans ma direction. À côté de lui, je comprends qu'il dispose du rapport fourni par l'hôpital précédent. Mon état a empiré. Je m'attends à ce qu'il se lève et qu'il m'examine. Il reste vissé sur sa chaise. Mon visage est encore gonflé. « Je ne sais pas pourquoi, j'ai hyper mal au bras. » Je le supplie de me faire un papier pour que les policiers me mettent les menottes devant. Il ne relève pas. Je lui montre l'énorme bleu sur mon bras. « Oui c'est un hématome... » Fin de l'histoire. Il se lève, demande à un collègue de me mettre un pansement sur la balafre que j'ai au pied. Hop, un coup de désinfectant, un pansement, et voilà. Merci, au revoir.

Six jours d'ITT, c'est ce que m'aura prescrit ce médecin à l'issue de cette consultation qui n'en a pas été une. Ce que j'ai d'abord interprété comme une forme de retenue relevait bien plus de l'indifférence, avec du recul. Sans vidéo pour me disculper, son appréciation serait peut-être devenue la seule et unique pièce permettant d'invalider la version de mes agresseurs. Et il n'en aurait rien été. L'un d'eux a obtenu cinq jours d'ITT délivrés par le même service. Ce sourire carnassier qu'ils arboraient après les faits venait sans doute aussi de la quasi-certitude d'être couvert par cet autre maillon de la chaîne. Un rouage ô combien important pour donner crédit à la parole du citoyen lambda lorsque celle-ci se trouve remise en cause par des officiers assermentés. J'ai écrit à l'Ordre des médecins à ce sujet. L'affaire a rapidement été classée sans suite. Fermeture du ban. De retour au commissariat, je vois la caméra, nichée dans le coin, en haut à droite, et qui me surveille dans ma cellule. Je demande si je peux boire de l'eau. « Vous voyez les toilettes, il y a un trou dans le mur, mettez votre main. » D'accord, je passe ma main dans l'enfoncement creusé dans le mur, au-dessus des toilettes, et un filet d'eau coule sur ma paume. Elle goutte d'une zone noire pleine d'humidité. C'est dégueulasse, c'est fait exprès. Ça va aller merci, je veux pas tomber malade... Mais j'ai soif... Je finirai par boire cette eau.

Je mets ma capuche et m'allonge sur le banc en béton. Je dois plier les genoux. J'essaye de ne pas penser à la crasse qui m'entoure. Dès qu'une personne approche, je m'assieds, prêt à bondir. Au moindre bruit, bam, je me redresse. Quand il n'y a plus de bruit, plus personne, je me rallonge, et comme ça, tout le reste de la nuit.

28

Le lendemain, les policiers viennent me chercher. La procureure a pris la décision de m'envoyer au commissariat du 16e arrondissement. Je comprends que mon avocate s'active en coulisses et que les lignes sont peut-être en train de bouger. Pour être transporté, ils doivent me passer les menottes, mais la douleur est insupportable. « Monsieur, je réclame à nouveau, j'ai hyper mal, je ne pourrai pas mettre les mains dans le dos... » Cette fois, il me met les menottes devant, accroche un fil qui passe entre mes jambes, pour arriver dans mon dos. « T'as compris, dit-il, si tu fais le con, je tire ! » Sérieusement, comme si j'allais me faire la malle...

Quand j'arrive dans le 16e, un mec fait un peu le malin en commentant chaque truc qui se passe dans le commissariat. Un policier lui répond avec des petites réflexions bien premier degré :

« Si t'avais rien fait, tu serais pas là.

— Si je suis là, c'est qu'on m'a ramené ici, je ne suis pas venu de mon plein gré. »

Il casse la tête mais ça me fait un peu sourire.

Un brigadier arrive, sec et sévère, et envoie tout le monde en cellule. Il me regarde et s'adresse au mec qui soûle tout son commissariat. « Toi, je vais te mettre avec le grand monsieur, on va voir si tu continues à faire le malin ! » Il l'envoie dans ma cellule. Je m'assieds sur le bout de banc, épuisé. Le relou continue à faire son boucan, il tape partout, juste pour bassiner tout le monde. « Mon ami, je lui dis, s'il te plaît, j'ai mal à la tête, fais pas de bruit, d'accord ? » Ouf ! Ça l'a calmé.

À un moment donné, je demande à l'un des brigadiers si je peux boire un verre d'eau. Il accepte, me demande pourquoi je suis là. Alors je raconte, encore une fois, mais il me répond par des questions pleines de sous-entendus :

« Quand tu les as vus, ça t'a bien fait rire, tu les as nargués, non ?

— Absolument pas.

— Donc, mes collègues arrivent comme ça, pour rien, et ils te tabassent ?

— Oui, et je ne peux pas l'expliquer. »

Il continue, me sort des trucs de plus en plus fous : « Attends, t'as dû leur faire un doigt, c'est pour ça qu'ils t'ont fait ça, parce que, au bout d'un moment, on va pas se laisser insulter tout le temps ! » Bon, je me dis que c'est encore un autre illuminé... Mais quand est-ce que ça va s'arrêter ?

Subitement, il change d'attitude : « OK, je te crois, lâche-t-il, c'était une technique policière. » Ah quand même, ça me rassure. J'étais un peu tombé dans son panneau. L'ambiance se détend, on discute, il reconnaît qu'il y a des problèmes dans la police, plein de soucis qui doivent être réglés. « Tu sais, on n'est pas tous comme ça... » Il me détaille son quotidien de flic noir, sa vie de policier qui aime son métier. Une légère connivence s'installe.

Le lendemain, l'OPJ du 16e m'interroge. « Ça va Michel ? » Son niveau de familiarité me surprend.

« On va se voir, on va se parler, parce que c'est compliqué ce qui arrive...

— Ouais, mais moi, j'ai rien demandé. »

Il écoute mon récit, sérieux, attentif, puis me prévient, avec tact : « Bon maintenant, je suis obligé de te poser des questions qui vont forcément t'énerver, étant donné ce que tu racontes, mais je suis obligé de les poser parce que les collègues ne disent pas du tout la même chose. » Cool, j'apprécie l'avertissement. C'est reparti, il me questionne : ai-je essayé de les tirer chez moi ? Absolument pas, ce n'était pas mon intention, je ne savais même pas qu'ils m'avaient suivi. Il me demande si j'ai essayé de prendre l'arme des flics. Jamais de la vie, ça ne m'a même pas traversé l'esprit. Mon récit reste le même, inchangé, ma version ne bougera pas, je n'ai rien à cacher, rien à me reprocher.

29

Le week-end est passé. Le lundi matin, ils viennent me chercher pour la perquisition. « Perquisition », ça sonne agressif, ça veut dire que je suis suspect, que j'ai encore une épée de Damoclès au-dessus de la tête. Mais qu'est-ce que j'ai fait pour mériter ça ? Et pourquoi on perquisitionne mes locaux ? « Tu dis que t'as des vidéos, me répond l'un des condés, on va aller voir ça. » Dans la voiture, le conducteur demande si quelqu'un a allumé sa gazeuse sans faire exprès. « Non, me dénoncé-je, je crois que c'est moi, messieurs... »

Quand on arrive près de la rue où je travaille, je leur demande s'ils peuvent être discrets, couper le gyrophare. Ils me mettent un sac sur les mains pour qu'on ne voie pas les menottes, mais c'est cramé. Pendant que je marche vers le studio, des voisins assistent à la scène. J'ai honte, ça me renvoie des années en arrière. Je mets mon doigt sur le lecteur digital. Pour les avertir, avec une touche d'humour, je leur dis : « Faites pas attention au bordel... »

On monte dans les bureaux. Me voilà assis devant mon ordinateur. Personne n'a encore vu les images. J'allume, je rentre les codes qui me donnent accès à la vidéo et je lance.

Un long silence...

Les images brutes durent environ sept minutes jusqu'à la grenade lacrymogène. Ensuite, encore une quinzaine de minutes.

Pas un bruit, à part quelques soupirs des policiers qui regardent, ébahis, stupéfaits...

« Oh ! là là... »

Au bout de la vidéo, un policier dit à une de ses collègues : « Vas-y, dépince-le. » Pour la première fois, ils me retirent les menottes.

Maintenant, ils me demandent comment ils peuvent récupérer les images, me proposent de débrancher tout le matériel, ils ont des gens spécialisés qui peuvent s'en occuper. Je peux pas me permettre de les laisser partir avec le matériel. J'ai encore trop peur que ces images disparaissent comme par enchantement. Il faut que je m'assure que les images sont en sécurité. Vous permettez que je passe un coup de fil à mon associée ? J'appelle Valérie : « Allô, je suis en perquisition avec la police, ils veulent récupérer les images, je veux leur donner, mais j'ai besoin du numéro de Nabil, c'est très important. »

Petite parenthèse : pendant ce temps, Valérie appelle Hafida qui fonce vers le studio, grillant tous les feux.

Sur les écrans de contrôle, je vois Hafida arriver au studio. Elle est là, je croise son regard, je suis rassuré. J'appelle Nabil. Je le mets en haut-parleur pour que tout le monde entende bien. « Bonjour Nabil, c'est Michel, s'il te plaît, je suis avec des policiers, c'est très sérieux, pas de mauvaises blagues qui vont me mettre dans la merde... » Tout de suite, je sens que Nabil est très sérieux.

Voilà comment fonctionne le système de vidéosurveillance : les caméras filment, les images arrivent sur un serveur où elles restent pendant quelques jours. À l'aide d'un code, Nabil accède aux images. C'est bon, il les a. La vidéo est sauvegardée. On peut leur envoyer...

Ah ! une dernière chose : sur la vidéo de la deuxième caméra, les policiers m'ont vu enlever ma sacoche. Je n'arrivais plus à respirer à cause du gaz, la lanière me compressait, je l'ai décrochée. Au commissariat, je leur avais dit ce qu'il y avait dedans, à un ou deux détails près. Ils la retrouvent, la fouillent et la vident devant moi. Là, ils en sortent un sachet contenant une quantité dérisoire de CBD, la taille de la pointe d'un chargeur d'iPhone, et encore. Il était là depuis si longtemps que j'en avais oublié l'existence.

La policière sort le sachet, tend le bras pour que tout le monde observe, mais on le voit à peine. Elle jette un œil autour d'elle, mesurant le gouffre entre ce qu'elle tient dans la main et les dégâts dans le studio : « Tout ça pour ça... »

Quand ils s'apprêtent à quitter mes locaux, je vois qu'ils sont en galère de masques, alors je leur en donne plein, je leur tends même des boîtes entières. Ils ne me remettent pas les menottes. Dans la voiture, les flics me disent qu'ils ne sont pas tous comme ça. On ira pas jusqu'à me présenter des excuses, mais l'ambiance a clairement changé.

Énième retour au commissariat où la garde à vue s'éternise. Je ne comprends pas pourquoi je suis encore là. C'est bon, on a tout, là, on peut y aller maintenant ? C'est long, c'est long. En fin d'après-midi, ils viennent me notifier la fin de ma garde à vue. Ils pèsent le tout petit bout de CBD : 0,5 gramme, disent-ils, et encore, je suis sûr qu'ils ont arrondi. Peu importe, je signe, terminé.

À partir de là, je sais que ça va partir dans tous les sens, mais je les rassure : je sais qu'ils ne sont pas tous les mêmes. Je leur propose carrément de mettre le masque et de prendre une photo devant le commissariat. Non, ils pensent que ce n'est pas une bonne idée. Pas de problème, messieurs...

L'enquête ouverte par le parquet de Paris à mon encontre est classée sans suite.

30

Au bout de quarante-huit heures de garde à vue, je sors. Il fait nuit quand Hafida me dépose au studio. Je porte encore mes vêtements pleins de sang, je les retire et les mets de côté, on ne sait jamais. Une douche. Mes sentiments se bousculent. Je suis complètement à l'ouest, seul au milieu d'un champ de ruines.

Le déroulé des heures suivantes me revient avec beaucoup d'imprécisions. Pour moi, le temps s'est arrêté. D'abord, Valérie et son fils me retrouvent. Pour la première fois de sa vie, il me prend dans les bras. Encore aujourd'hui, j'ai du mal à évoquer ce souvenir à l'oral, parce que je le connais depuis sa naissance, et ça m'a fait quelque chose de le voir comme ça. Sur mon téléphone, je reçois beaucoup de messages de proches à qui l'histoire est remontée, je n'ai pas la force de décrocher. Des potes passent au studio. Ils veulent tous savoir : mais qu'est-ce qu'il s'est passé ?

L'info n'est encore parue nulle part, rien n'a éclaté. Ils me disent tous de faire attention à ma tête, à ne pas perdre l'esprit, mais je ne comprends pas encore. Tout le monde est très gentil, mais je n'ai pas envie de parler, j'ai envie qu'on me laisse tranquille. J'ai accepté de prendre des coups, je ne suis pas soigné, je suis encore sous le choc et je souffre atrocement, j'ai besoin d'un peu de temps pour me retrouver.

On me conseille d'aller voir un médecin. Dans les jours qui suivent, je me rends à son cabinet. Il constate mes entailles au crâne, au pied, partout. Dès qu'il voit mon bras gauche, il grimace et se met à le manipuler : « Oh ! là là... » Pour lui, le tendon a probablement lâché, ça n'est certainement pas qu'un hématome. Un gros travail m'attend pour en récupérer l'usage. Telle marche à suivre, telles radios, telle intervention chirurgicale, tel traitement. Pour commencer, il me met trente jours d'ITT, avant l'opération. Ce n'est que le début, après il faudra plus, beaucoup plus.

Honnêtement, je n'y connais rien en médecine, en ITT, en rééducation, mais on est quand même loin des six jours de l'unité médico-judiciaire. Quand il me fait part de son interprétation, je reste sous le choc, avec l'impression d'avoir été pris dans une grande supercherie. C'est tellement gros que j'ai peine à le croire.

Mon avocate me présente un journaliste, David Perrotin, spécialisé dans les sujets de société liés aux discriminations. Il me fait l'effet d'un homme droit et consciencieux. Devant les images, son visage se décompose, il hallucine. « Tu sais, me dit-il, ça fait des années que je couvre les faits de violences policières, et c'est la première fois que je vois un document aussi clair et incontestable. Nous avons le début et la fin l'histoire. » Il me dit ça, et je ne comprends pas encore ce que cela implique. Je ne connais pas son travail, mais il m'est présenté dans la confiance, alors j'accepte de répondre à ses questions. Après tout, c'est la vérité, je sais que je n'ai rien à me reprocher, alors, pourquoi le cacher ? Mon corps est meurtri, mais j'ai conscience que ces images peuvent générer des réactions. Je garde la tête froide et j'essaie d'être clair, sobre et précis.

Je demande au journaliste de ne pas mettre mon nom de famille, juste Michel, pour ne pas mêler mes proches à cette histoire. Il respectera cette volonté qui dit à elle seule à quel point je n'étais pas prêt pour la suite...

31

Le 26 novembre, au matin, la vidéo est publiée sur le site de Loopsider. Quand je me regarde en train de répondre, je me trouve gauche, maladroit, j'ai l'impression de passer pour un grand naïf. Au vrai, je ne suis pas à l'aise dans cet exercice, je suis encore sous le choc, même si je fais au mieux pour que mes émotions ne prennent pas le dessus.

La suite de la journée donne un aperçu du trop-plein qui m'envahit. D'abord, toute la puissance des réseaux déferle sur mon téléphone. En mode « ne pas déranger », il ne sonne pas, mais les compteurs explosent sur toutes mes messageries. Les missives arrivent en cascades. Des potes, des potes de potes, des inconnus, des journalistes, des stars de la musique, du foot, du cinéma, et même l'Élysée. Des quidams aux célébrités, on se partage la vidéo sur les réseaux. Du soutien m'arrive de plein de pays différents. Je ne comprends rien. Je lis cinquante messages, mais partout, toujours ce même chiffre, comme un bug : + 99. C'est trop, je ne pourrai jamais répondre à tout ce monde. Au bout d'un moment, je range mon téléphone quelque part, et j'essaie de l'oublier. Ma seule préoccupation concerne ma mère et tous les gens qui portent le même nom de famille que moi.

Dans la matinée, je me rends au bureau. Agglutinés devant ma porte, une horde de journalistes. Par réflexe, je mets ma capuche et la serre, en croyant sincèrement que je vais passer inaperçu. Je ne peux pas parler, en tout cas pas encore, ce n'est pas le moment. Je m'apprête à me faufiler dans la foule quand une habitante du quartier m'interpelle, me dit qu'elle est journaliste pour un quotidien : « Qu'est-ce que vous pensez du fait qu'ils ressortent votre passé ? »

Quand elle me pose cette question qui me renvoie à mes jeunes années sans avoir l'air d'y toucher, je suis choqué.

Pardon, mais quel rapport ?

Tous les coups sont donc permis. Malgré les faits, les images et l'incontestable, je comprends qu'une riposte est déjà à l'œuvre. C'est sans doute aussi une manière cruelle et désespérée d'essayer de me pousser à la faute. Mais non, je ne leur ferai pas le cadeau d'une haine aveugle, je continuerai à faire la part des choses et à garder le cap.

Pour ne pas me laisser dépasser par les événements et les émotions, je monte ma petite équipe. Il faut que je m'entoure de mes amis, fidèles de longue date, de gens qui ne sont pas d'accord sur tout, mais qui veulent ouvrir la même porte que moi, qui m'aideront à mettre des mots sur les choses, pour m'adresser au plus grand nombre. Mes détracteurs vont commencer à balancer n'importe quoi, alors il faut taper un grand coup, remettre les choses en place. Ensemble, nous décidons d'accepter l'invitation de Cyril Hanouna, à passer dans son émission le soir même.

Mais d'abord, je dois répondre aux questions de l'Inspection générale de la police nationale (IGPN), la police des polices. Un inspecteur me reçoit dans un bureau du siège parisien, où je viens déposer plainte. Après le visionnage de la vidéo, une nouvelle procédure a été ouverte à l'encontre des trois policiers qui m'ont tabassé, cette fois, pour « faux en écriture publique » et « violences par personne dépositaire de l'autorité publique » avec la circonstance aggravante de propos à caractère raciste. Ils risquent jusqu'à quinze ans de prison et 225 000 euros d'amende. Le quatrième, celui qui a jeté une grenade lacrymogène dans mes locaux, est poursuivi pour violences volontaires.

Les questions reprennent, toujours les mêmes, encore et encore. Alors je me répète, je suis obligé, mais j'essaie de ne pas dire mot pour mot la même chose, en restant fidèle à ma description des faits. Disons que je ne veux pas donner l'impression d'une version apprise par cœur et récitée mécaniquement, car cela pourrait suffire à laisser planer le doute sur ma sincérité. Tout est si fragile. La preuve, l'inspecteur demande si les insultes sont vraies. Je comprends où il veut en venir, il fait juste son boulot. Sur la vidéo de l'agression, il n'y a pas de son, alors il y a une place pour le doute. Mais pour moi, c'est virulent, car sa question laisse entendre que je les aurais inventées de toutes pièces. S'il est capable de penser ça, alors tout est possible. Je le répète, on m'a traité de sale nègre à de nombreuses reprises, pendant qu'on m'inondait de coups. Eux ont changé trois fois de version. Moi, jamais. Imaginez si j'avais modifié ma version, ne serait-ce qu'une fois... Ma déposition s'étire sur une demi-journée harassante. Un marathon long et fatigant.

Heureusement, il y avait les images.

Le soir, je dois passer sur « Touche pas à mon poste ». Alors que je patiente dans les coulisses, je décide d'appeler ma mère, pour la prévenir de ne pas regarder. Tout le monde l'a appelée. Elle n'a rien vu des images. Elle est inquiète et me supplie de ne pas y aller. Elle me met en garde : aujourd'hui ils sont avec toi, mais demain ils se retourneront contre toi. Toujours cette même retenue, ce silence têtu qui fait qu'on passe à côté de notre cri de révolte. Mais pas cette fois, pas le choix, je prends les devants et parle de mon passé. Il faut répondre, ne rien lâcher, rendre les coups, mais avec les mots. Je comprends la mise en garde de ma mère, je sais qu'elle veut me protéger, comme depuis toujours. Je l'aime, même si je ne le lui dis pas souvent.

Je réponds aux questions. Mon avocate, Hafida, est auprès de moi sur le plateau. Je suis calme et posé, en tout cas, c'est le visage que j'essaye de présenter. Quand je décris les faits, j'ai cette tendance à atténuer ce qui m'est arrivé. Par exemple, je parle de mes petites blessures. Mélange de pudeur, de refus qu'on s'apitoie sur mon sort et de réflexe de protection pour tenir bon.

En sortant du plateau, je suis mort, complètement épuisé. J'ai mal, je ne suis toujours pas opéré, j'ai pris des médicaments pour tenir bon. Je ne suis pas bien, mais j'essaie de ne pas le montrer. La lame de fond m'a emporté, je ne l'avais pas vue venir.

Heureusement, il y a les images.

32

Quatre policiers sont suspendus le temps de l'enquête. À l'issue de quarante-huit heures de garde à vue, ils sont mis en examen[5]. Le brigadier de quarante-quatre ans et le gardien de la paix de vingt-trois ans qui sont entrés chez moi sont placés en détention provisoire. En prison, les deux policiers auront le droit à une protection constante, eu égard à l'hostilité dont ils font l'objet. Les pauvres...

Des potes m'envoient des messages : cette fois, ils ne vont pas s'en sortir comme ça, cette fois, ils vont payer, cette fois, cette fois justice sera faite. Des potes policiers aussi m'envoient des messages de soutien, désolés de ne pouvoir prendre la parole publiquement. De mon côté, je n'arrive pas à me réjouir. Je ne comprends pas. Pourquoi le troisième qui m'a ouvert le crâne avec sa matraque, chez moi, ne va pas lui aussi en prison ? Pourquoi celui qui a jeté la grenade ne va pas en prison ? Et tous ceux qui m'ont mis des coups, dehors, ils ne sont pas poursuivis ? Et la vingtaine de flics qui ont regardé sans rien faire ? Les collègues tabassent un homme qui n'oppose aucune résistance, et personne n'intervient. Hélas, on ne pourra apparemment pas identifier tout le monde sur les images. Dommage...

La presse étrangère s'indigne, le *New York Times* veut me rencontrer, les médias se font l'écho d'une réaction du Président : après le visionnage de la séquence, Emmanuel Macron aurait été choqué, il aurait réclamé au ministre de l'Intérieur des sanctions très claires. Six mois après la mort de Cédric Chouviat, un livreur en scooter de quarante-deux ans, Gérald Darmanin avait dit ceci : « Quand j'entends les mots violences policières, personnellement, je m'étouffe », une allusion pleine de cynisme aux conditions terribles dans lesquelles ce père de famille est décédé. A-t-il seulement réfléchi à la détresse dans laquelle cette bravade obscène a pu plonger une famille déjà brisée par la douleur ? Alors quand j'entends ce même ministre s'exprimer sur mon affaire et parler de « policiers qui déconnent », je sais déjà à quoi m'en tenir.

Les policiers suspendus pourront jouir d'une aide financière liée à la protection fonctionnelle. S'ils sont condamnés, ils devront la rembourser, promet-on. Les deux hommes incarcérés sont libérés le 22 décembre. Je ne suis pas surpris, mon entourage m'avait préparé à cette éventualité. Mais on ne va pas se mentir : si, moi, j'avais été poursuivi pour violences volontaires sur personnes dépositaires de l'autorité publique, je ne serais pas sorti au bout de trois semaines de détention provisoire… et mes soins médicaux auraient été bien plus expéditifs. Comment ne pas songer aux autres « Michel Zecler », ceux pour lesquels aucune vidéo n'existe. J'en perds parfois le sommeil.

Mais j'accepte cette décision. On ne peut pas dire qu'on croit en la justice, ne plus l'écouter, ou la répudier dès qu'elle prend des décisions qui ne vont pas dans votre sens. Alors je le dis et le répète : il faut croire en la justice. Pas d'autre choix que d'espérer qu'elle passe, malgré le poids colossal des corporatismes et des récupérations politiques.

La veille de mon opération, je n'ai pas fermé l'œil de la nuit. La perspective d'abandonner mon corps aux soins des toubibs m'avait fait psychoter quasiment toute la nuit. Je l'aime, ma vieille carcasse. C'est elle qui m'a sans doute sauvé. Celle qui m'a maintenu en éveil alors que tant de circonstances aurait dû la faire flancher.

Le jour J, ils m'ont endormi. J'avais demandé qu'on diffuse du Tupac dans les enceintes du bloc pour m'apaiser. J'ai eu l'impression qu'ils m'avaient réveillé cinq minutes après, en claquant des doigts. J'ai le bras bandé et suis encore un peu shooté.

Mais mes yeux sont sortis de leurs orbites quand la douleur s'est réveillée, comme si on venait d'allumer un briquet sous ma cicatrice. Jamais eu aussi mal de ma vie. Alors je suis resté, et chaque fois que ça me lançait, j'appuyais sur un bouton. Une infirmière arrivait, me demandait de noter la douleur de 1 à 10. La première fois, j'ai répondu 5 ou 6. En bonhomme. Alors, elle m'a dit de la rappeler quand la douleur augmenterait. Plus de blague, la fois suivante. Je la rappelais seulement deux minutes après : neuf, dix, dix, dix, et même onze ! Un vrai calvaire.

Il va me falloir un moment pour l'accepter : la douleur est là pour durer. Le tendon doit se détendre. Un faux mouvement, un mauvais réflexe et mon bras se tend plus qu'il n'en est capable. La brûlure revient, vive et intense. Un soir, j'ai fait tomber un objet, j'ai essayé de le ramasser, et appelé Valou, pour lui dire que c'était au-dessus de mes forces... Je suis sous antidouleurs constamment. Par la suite, on m'a mis une attelle articulée de rééducation.

Mes ITT ont été réévaluées à cent quatre-vingts jours. C'est grave, très grave ce qui s'est produit. Je n'en décolère pas. J'espère qu'une remise à plat de cette procédure assez opaque se fera tôt ou tard. Comptez sur moi pour remettre régulièrement le sujet sur la table.

La nuit, je me réveille en sursaut, le T-shirt est mouillé, inondé de sueur. Affreux. J'en parle à une amie qui me conseille d'aller voir un psychiatre. L'esprit, c'est comme le corps, m'explique-t-elle, quand il est blessé, il faut panser les plaies. Je suis réticent, je ne sais pas trop, j'ai grandi dans un quartier où on ne va pas chez le psy. Les psys c'est pour les fous, les psys c'est pour les riches. Et puis, on est des costauds, pas des fragiles... encore toutes ces barrières à la con qu'on nous met dans la tête depuis l'enfance et qui nous empêchent d'aller mieux. Non, le psy c'est un truc d'humain. Dès le début de ma première séance, je me sens à l'aise et écouté. J'entame aussi des séances d'intégration neuro-émotionnelle par les mouvements oculaires (EMDR), un type d'intervention utilisé pour prendre en charge le stress post-traumatique. Très vite, je sens que les anciennes blessures se mêlent aux nouvelles. Mon cerveau ressemble à la maison qui rend fou dans *Les Douze Travaux d'Astérix*. Il va falloir nettoyer tout ce que j'ai mis sous le tapis depuis des années.

Parmi les neuf jeunes qui enregistraient au studio, certains ont porté plainte. Ils ne savent pas comment faire, ne se sont pas tous constitués partie civile, n'ont pas d'avocats. D'autres ne veulent pas, ils préfèrent rester tranquilles, préfèrent essayer de passer à autre chose. Ils ont tous reçu une amende de 135 euros pour non-port du masque, alors qu'ils étaient encore au commissariat du 17e. Un PV est arrivé directement à leur domicile, affirmant qu'ils auraient été verbalisés dans une rue à trois cents mètres du commissariat.Ils n'ont décidément peur de rien... Quelles seront les conséquences pour ces adultes en devenir dans leur rapport avec la police ? À vous d'imaginer. Certains ont abandonné la procédure en cours de route, par peur de représailles sans doute. Comment ne pas les comprendre ?

Le 22 avril, l'émission « Envoyé spécial » sur France 2 intitulée « Révélations sur l'affaire Michel Zecler », révèle des informations qui renseignent un peu plus sur le profil de ceux qui m'ont agressé. Dans le téléphone du plus jeune, le premier à être entré chez moi, en civil, les enquêteurs auraient découvert une image de l'agonie de George Floyd, le genou du policier Derek Chauvin appuyé sur sa gorge. « Quand tu dégonfles ton matelas en fin de soirée », peut-on lire sous le montage publié dans un de leurs groupes de discussion privé, au mois de mai 2020. Quelques mois plus tard, le même policier échangeait des messages avec une proche, et parlait des violences auxquelles le métier qu'il a choisi de faire le confrontait. «Je suis dégoûté que tous ces bâtards soient acceptés en France et que l'on fasse rien. » Son interlocutrice lui interdisait de « devenir raciste ». Réponse : « Ben c'est pas du racisme mais tous les bâtards qui foutent la merde, ce sont toujours les mêmes. » Il n'a que vingt-trois ans.

« Envoyé spécial » révèle également que le lieutenant du commissariat a envoyé un message de soutien aux trois policiers qui m'ont tabassé chez moi : « Sachez que, quoi qu'il arrive, pour moi vous n'avez en rien sali notre bel uniforme. » Le pire, c'est que cela ne m'étonne même pas. Il fallait bien qu'ils se sentent couverts pour faire ce qu'ils ont fait, chez moi, dans la rue, et au commissariat. Ça fait peur, et ça ne fait que confirmer ce que je raconte depuis le début.

Sur un plateau, un commissaire a parlé d'effet tunnel pour qualifier le comportement des policiers. Si j'ai bien compris, ça consiste à suivre celui qui fait une connerie, sans réfléchir, dans une forme de mimétisme. Quand le policier le plus gradé est entré, il avait le pouvoir de calmer le jeu, mais il a suivi le comportement de son collègue, comme dans un tunnel. Peut-être. C'est leur manière d'essayer de comprendre, voire de justifier ce qu'il s'est passé. Les mêmes viendront ensuite nous parler de tolérance zéro lorsqu'il faudra sanctionner d'autres violences endémiques dans la société.

Le dossier n'est pas bien compliqué, les éléments sont là. Pourtant, la procédure prend du temps. Un ténor du barreau de Paris, maître Caroline Toby, est d'ailleurs venue renforcer mon équipe. Tout de suite, des liens de confiance très forts se tissent entre elle et moi. Elle est brillante et révoltée par ce qui m'arrive. Elle me comprend. Joli mélange de fermeté, de convictions mais aussi d'humanité. J'ai toujours fait confiance à des femmes dans ma vie.

Ensemble, nous irons jusqu'au bout.

On me dit de passer à autre chose, mais c'est impossible tant que justice n'est pas faite. À l'heure où j'écris ces lignes, une confrontation entre les policiers et moi-même est prévue, mais aucune date n'est encore fixée. Ils en avaient refusé une première, alors qu'ils venaient de m'accuser. S'ils refusent, ça veut dire quoi ? Ils sont poursuivis pour faux. De mon côté, ma version des faits n'a pas bougé. Je n'ai cessé de répéter la même version à tous mes interlocuteurs, au commissariat, au médecin, lors de mes auditions successives.

Souvent, on me demande ce que je leur dirai quand je les aurai en face de moi. Honnêtement, c'est difficile pour moi de me projeter dans une telle situation. Plus les jours passent, plus cet échange me paraît vain. Chacun restera probablement campé sur ses positions : insultes racistes ou pas insultes racistes. J'aimerais bien qu'ils assument et qu'ils comprennent ce qui les a conduits sur le chemin d'une telle sauvagerie. C'est une forme de fanatisme que j'ai lu dans leurs yeux. Et franchement, je ne veux pas que cette haine de l'autre me gagne. Ça paraît simple mais je dois aussi m'y employer.

33

Longtemps, la politique ne m'a pas intéressé, pas du tout, même. Avec ma mère, on n'en parlait pas, à la maison. D'ailleurs, je n'ai jamais voté, et je le regrette aujourd'hui. Comme beaucoup de jeunes qui ont grandi en banlieue, je considérais que ça ne servait à rien, que le jeu était vicié, que droite, gauche, tous les mêmes de toute façon. Ils n'ont jamais réussi à m'intéresser parce qu'ils ne s'intéressaient pas à nous. Avant, je parlais de violences policières avec résignation. Quand Zyed et Bouna sont morts, j'étais révolté, mais c'était comme ça, c'était le monde dans lequel je vivais.

J'étais aussi présent le 2 juin 2020, au rassemblement à la Porte de Clichy du collectif « La vérité pour Adama ». J'ignorais à l'époque que ma vie basculerait quelques mois après, un rappel douloureux que nos combats sont tous intimement connectés les uns aux autres. La presse a parfois tenté de beaucoup nous dissocier, Assa Traoré et moi. Ça ne marchera pas. J'admire le combat de cette famille, elle aussi frappée durement par le malheur. Je suis solidaire de leur mobilisation pour que cette affaire ne soit pas enterrée. Elle force le respect et suscite toute mon empathie.

Plus globalement, les affaires George Floyd, Eric Garner, Alton Sterling, Michael Brown et l'émergence du mouvement Black Lives Matter aux États-Unis ont poussé le grand public à voir ces réalités sous un autre regard. En France, il y a eu aussi récemment Théo Luhaka, Cédric Chouviat, Gaye Camara, Zineb Redouane, Ibrahima Bah, Liu Shaoyao... Et avant ça, Zyed et Bouna, Makomé M'Bowolé, Malik Oussekine... Chacun de ces drames m'a marqué à sa façon. Il y a quelques mois, je me suis rendu à un rassemblement de familles de victimes de violences policières, dans le 95, organisé par la famille du jeune défunt Ibrahima Bah. J'en suis ressorti totalement bouleversé. On ne mesure pas le labyrinthe de douleur dans lequel ces hommes et ces femmes sont engagés. Ils font face à un appareil d'État très réticent à reconnaître ses failles. Alors les batailles sont longues et cruelles, et le désintéressement du grand public est la pire chose à éviter pour que les procédures ne s'enlisent pas. Difficile de ne pas tenir tous ces gens entre mes bras sans être saisi d'un sentiment étrange de culpabilité. Celui de s'en être tiré alors que d'autres, leurs proches, y ont laissé leur vie.

Pour plein de raisons, l'affaire Claude Jean-Pierre m'a elle aussi complètement secoué de l'intérieur. Interpellé violemment par des gendarmes pour un simple contrôle routier en Guadeloupe, il est décédé tragiquement le même jour où je me faisais agresser. Cette affaire en dit tellement sur la façon dont les choses se passent aux Antilles, là d'où je viens. Les rapports tendus avec les forces de l'ordre. Le traitement parfois condescendant des fonctionnaires venus de métropole. Et puis l'indifférence... Personne n'avait entendu parler de cette histoire. Les médias nationaux ne l'avaient quasiment pas traitée alors que la mienne était sur tous les écrans. C'est la mobilisation héroïque de sa famille qui a fini par exposer l'affaire au plus grand nombre et permis que la justice se mette à bouger. À l'image de l'empoisonnement au chlordécone, les scandales de ce type en outre-mer s'enlisent le plus souvent faute d'être dénoncés comme il se doit à l'échelle nationale. Certains viendront gloser ensuite sur la défiance qui existe là-bas face aux autorités. À qui la faute ?

Avec mon affaire, j'ai découvert le bilan contrasté de certains corps intermédiaires de la police. Des syndicats souvent peu portés sur la nuance qui cadenassent toute forme de débat sur les pratiques de l'institution. Certaines questions ne pourront plus être évacuées encore bien longtemps : pourquoi est-il si difficile aujourd'hui pour des policiers de dénoncer les comportements racistes ou violents de leurs collègues ? Pourquoi certains lanceurs d'alerte se retrouvent-ils si souvent marginalisés ? Noam Anouar – que j'ai rencontré –, un flic aux bons états de service, a été objectivement poussé vers la sortie, à cause des faits qu'il dénonçait. Il en existe tellement d'autres !

Désolé, mais c'est aussi la peur d'être recadré par ses collègues qui empêchera certains de franchir les lignes rouges. Je le redis, ce n'est pas tant le fait que mes agresseurs puissent avoir des opinions racistes qui était le plus choquant. Je ne suis pas naïf. On peut retrouver des profils comme ça dans toutes les professions. C'est le fait qu'ils se sentent aussi à l'aise (parfois devant leurs collègues) qui pose finalement question. La plupart des flics ne sont pas racistes. Mais j'ose le dire, la culture policière française est trop permissive face au racisme. Et, on l'a vu, les racines de tout ça remontent à très loin.

J'entends aussi le mal-être policier. Il est palpable. Les actes répréhensibles de certains et le corporatisme de beaucoup ont fini par fissurer le lien avec la population. Je le répète, le métier de flic est l'un des plus durs que je connaisse. En côtoyer certains m'a permis de mieux comprendre les causes de leur anxiété. Eux interviennent aux avant-postes du pire de ce que cette société a à offrir. À l'instar des enseignants ou du corps médical, leur fonction n'est plus aussi sacralisée. Il reste alors la sale impression de ne pas être outillé pour effectuer un boulot efficace. Et je ne mentionne même pas la peur d'être agressé voire tué en dehors du cadre de son travail, après avoir été reconnu ou identifié dans la vie civile.

Oui, j'en veux aux années Sarkozy. Celles qui ont tout bonnement éliminé la police de proximité. « La police n'est pas là pour organiser des tournois sportifs », disait-il. Mais, croyez-moi, toutes ces interactions étaient bien utiles pour maintenir le lien avec la population des quartiers. À qui croyez-vous qu'ils venaient raconter leurs doléances ? C'est parfois ce lien avec la population qui aidait à résoudre les enquêtes. Bien sûr, ceux-là n'avaient pas les moyens de prévaloir face aux gros délinquants. Mais eux pouvaient rentrer dans certaines cités sans porter de combinaisons. C'est aussi ça, le paradoxe.

J'ai aussi envie qu'on donne aux jeunes les bonnes clés pour qu'ils puissent faire valoir leurs droits. On n'est pas dupes de tous ces contrôles au faciès, pas du tout, même. Mais c'est aux politiques d'avoir le courage de régler ce problème-là. Je veux qu'on puisse éviter les escalades inutiles dans la violence. Ce ne sont pas que des mots. J'en porte les marques indélébiles, maintenant. Il faut qu'on arrive à réconcilier ces deux mondes. J'ai créé une fondation pour ça : la fondation Michel Zecler. Je sais que je ne peux pas faire l'unanimité avec tout le monde, et c'est normal. Mais la porte que je veux ouvrir, on est des millions à vouloir l'ouvrir, je le sais. Si on l'ouvre ensemble, il n'y aura que des solutions.

Aujourd'hui, j'ai ma liberté, je la dois aux images. La fraternité, je la sens tous les jours. Pour l'égalité, il faudra que justice soit faite.

D'ici là, j'espère que je me serai un peu réparé. Me plonger dans mon histoire m'a permis de comprendre certaines choses, d'avoir des réponses à des questions qui me pesaient depuis trop longtemps, d'en savoir un peu plus sur qui je suis et d'où je viens. Creuser en moi-même m'a mis sur les traces de mon père. J'en sais un peu plus à son sujet aujourd'hui. J'ai appris ce qu'il faisait dans la vie. Et, tenez-vous bien... il était flic.

En attendant, je reste debout.

Michel Zecler

Notes

1. Benny B, Featuring Daddy K, « Mais vous êtes fous », On the Beat, 1990.

2. Diam's, « Évasion », Capitol/EMI, 2003.

3. La Fouine, feat Booba « Reste en chien », Laouni Mouhid et Elie Yaffa, Universal Music Publishing MGB France, 2007.

4. Busta Flex, « Pourquoi ? », Sulee B, Delabel Éditions, Sony Music France, 1998.

5. Les quatre hommes restent présumés innocents jusqu'à ce que la justice ait statué sur les faits qui leur sont reprochés.

Pour en savoir plus
sur les Éditions Plon
(catalogue, auteurs, vidéos, actualités...),
vous pouvez consulter
www.plon.fr
www.lisez.com

lisez!

et nous suivre sur les réseaux sociaux

Editions Plon

@EditionsPlon

@editionsplon

MIXTE
Papier issu de sources responsables
FSC® C003309

L'éditeur de cet ouvrage s'engage dans une démarche de certification FSC® qui contribue à la préservation des forêts pour les générations futures.
Pour en savoir plus :
www.editis.com/engagement-rse/

CET OUVRAGE A ÉTÉ ACHEVÉ D'IMPRIMER SUR ROTO-PAGE
PAR L'IMPRIMERIE FLOCH À MAYENNE EN NOVEMBRE 2021

N° d'impression : 99412
Imprimé en France